O cliente é quem manda

PETE BLACKSHAW

O cliente é quem manda

Como ter sucesso num mundo em que os consumidores satisfeitos divulgam suas experiências para três pessoas e os insatisfeitos para 3 mil

SEXTANTE

Título original: *Satisfied Customers Tell Three Friends, Angry Customers Tell 3,000*
Uma produção Lark

Publicado em acordo com Currency/The Doubleday Broadway Publishing Group, uma divisão da Random House, Inc.

tradução
Juliana Lemos

preparo de originais
Cristiane Pacanowski

revisão
Ana Grillo, Isabella Leal e Luis Américo Costa

projeto gráfico e diagramação
DTPhoenix Editorial

capa
Miriam Lerner

impressão e acabamento
RR Donnelley

CIP-BRASIL. CATALOGAÇÃO-NA-FONTE
SINDICATO NACIONAL DOS EDITORES DE LIVROS, RJ

B571c Blackshaw, Pete
O cliente é quem manda / Pete Blackshaw [tradução de Juliana Lemos].
Rio de Janeiro: Sextante, 2010.

Tradução de: Satisfied customers tell three friends, angry customers tell 3,000: running a business in today's consumer-driven world
ISBN 978-85-7542-566-4

1. Satisfação do cliente. 2. Clientes – Contatos. 3. Eficiência organizacional. I. Título.

CDD: 658.812
10-2074 CDU: 658.814

GMT Editores Ltda.
Rua Voluntários da Pátria, 45 – Gr. 1.404 – Botafogo
22270-000 – Rio de Janeiro – RJ
Tel.: (21) 2538-4100 – Fax: (21) 2286-9244
E-mail: atendimento@esextante.com.br
www.sextante.com.br

Dedico este livro a meu pai,
William J. Blackshaw, e a James Heskett.

Sumário

Introdução

A Dell Inc. aprendeu uma dura lição em julho de 2005, quando Jeff Jarvis, um blogueiro respeitado, especialista em mídias tradicionais, teve uma experiência infeliz com seu novo notebook. Irritado com o mau atendimento da empresa, que foi incapaz de ajudá-lo a resolver o problema, ele decidiu extravasar sua raiva criticando a gigante dos computadores em seu blog, o BuzzMachine.com. Jarvis usou seu "púlpito" no blog para escrever uma carta aberta ao fundador da companhia, Michael Dell, questionando a qualidade dos produtos e do serviço prestado ao consumidor e atacando a declaração básica de valores da organização.

O blog de Jarvis logo passou a ser inundado com histórias de horror sobre a Dell, contadas por clientes insatisfeitos em todo o país. Durante vários dias, o BuzzMachine se tornou um dos sites mais acessados da internet, o que fez o efeito se multiplicar, dando origem a mais uma avalanche de cartas de consumidores chateados e irritados com a companhia. Os clientes insatisfeitos passaram a acessar o site da empresa, publicando comentários sarcásticos nos fóruns de lá. Quando todo esse burburinho atingiu um ponto crítico, o blog de Jarvis e vários outros recentemente criados, todos contra a Dell, eram os primeiros a aparecer nos resultados de busca do Google sempre que alguém procurava por "Dell".

Toda essa confusão da Dell acabou chamando a atenção de grandes veículos da mídia, como a *PCWorld*, a *BusinessWeek* e o *The Wall Street Journal*. Suas reportagens não só geraram mais publicidade negativa como também incitaram uma nova leva de mensagens – um círculo vicioso, bem típico da internet. E – mais uma má notícia para a Dell – esses sites, comentários em blogs e fóruns não eram como pichações, que podem desaparecer depois de serem pintadas ou removidas com jatos d'água. Pelo contrário: eles deixaram marcas digitais permanentes que conservaram as impressões negativas por um período terrivelmente longo. Hoje, quase cinco anos depois de toda a confusão causada por Jarvis, basta fazer uma pesquisa on-line por "Dell sucks" (A Dell é uma droga) e você verá que o primeiro resultado é www.ihatedell.net, algo como www.euodeioadell.net.

A empresa finalmente respondeu no fim de agosto de 2005, anunciando – no que parecia claramente ser uma fraca tentativa de reconciliação, feita tarde demais – que iria responder aos comentários nos blogs. A essa altura, é claro, o estrago já havia sido feito. A Dell, pioneira em vendas pela internet, já era conhecida pelo seu forte compromisso com a personalização dos produtos e com o atendimento individual havia décadas. Mas, no fim de setembro de 2005, graças ao esforço de um único blogueiro e ao alarde que ele causou, muitas pessoas associavam a marca a um serviço ruim e produtos malfeitos.

A polêmica de Jarvis praticamente se repetiu no fim de 2007, quando um antigo e respeitado crítico de propaganda, Bob Garfield, frustrado com o que considerava um serviço ruim e indiferente por parte da empresa de TV a cabo Comcast, acabou lançando um blog impiedoso contra ela, chamado ComcastMustDie.com (ComcastMereceMorrer.com), que imediatamente atraiu mais de 700 comentários de apoio incondicional. Na página inicial, Garfield escreveu: "Parabéns. Você não é mais um simples cliente irritado que foi maltratado. E nem apenas faz parte, espero, de um grupo de protesto via internet. Você é um revolucionário, alguém que toma o poder dos oligarcas e o repassa ao consumidor. Você tem um grande poder. Use-o com sabedoria."

HÁ MILHARES DE ANOS, a humanidade conta sua própria história. Hoje, nós a relatamos por meio do burburinho incessante e ininterrupto de toques no teclado. A troca global de informação, feita por meio de múltiplos canais, está destinada a ser a grande biblioteca da era moderna. Agora que as pessoas estão conectadas, elas raramente se desconectam, e o resultado é um fluxo constante de pensamentos e opiniões, que saem do cérebro e vão diretamente para a tela. Estamos na era daquilo que chamo de mídia gerada pelo consumidor, ou CGM, na sigla em inglês.

E o que é exatamente a CGM? É a moeda do novo relacionamento comercial entre as empresas e os consumidores. É o fluxo incessante de comentários, opiniões, emoções e histórias pessoais a respeito de toda e qualquer companhia, produto, serviço ou marca, que os consumidores agora podem publicar na internet e propagar para milhões de outros consumidores, com um simples clique do mouse. É a conversa infinita de um consumidor com o outro – por meio de blogs, wikis, fóruns de discussão, sites de compartilhamento de vídeos, páginas de redes sociais e muito mais – sobre todos os assuntos, tópicos e experiências que tenham importância para os próprios consumidores.

Durante toda a história do comércio, os consumidores estiveram à mercê dos negócios. Tradicionalmente, dispunham de pouca informação, acesso limitado um ao outro e poucos canais de feedback e comunicação. Mas a internet mudou tudo isso. Ela proporcionou aos consumidores não apenas uma voz coletiva, mas também uma plataforma, um fórum por meio do qual podem propagar essa voz. De posse de um novo conjunto de ferramentas, recursos e tecnologias, os consumidores não são mais observadores passivos do mercado de ideias e do comércio; eles, na verdade, definem e dão forma ao mundo dos negócios e ao mercado de trabalho do futuro.

A internet, mais especificamente a agora sempre presente internet participativa, *open source*, chamada de "Web 2.0", permite que os consumidores, unidos por uma atividade em comum – a compra de bens e serviços –, se reúnam numa ampla comunidade. E, cada vez mais, esses consumidores se unem por meio de uma frustração comum: a desconfiança cada vez maior com o marketing e a propaganda. A mídia gerada pelo consumidor permite que eles deem voz a essa desconfiança e que partilhem suas ideias, opiniões e emoções a respeito de cada aspecto imaginável de suas experiências como consumidores – desde avaliar a capacidade de um removedor de manchas até declarar como estão chateados com o pacote de benefícios do presidente de certa organização em vias de se aposentar.

A mídia gerada pelo consumidor veio para ficar. Porque o que as empresas dizem a seus consumidores a respeito de seus produtos e serviços, por meio de canais de vendas e propaganda, está rapidamente perdendo terreno para aquilo que os consumidores dizem uns aos outros sobre tais produtos e serviços, por intermédio de seus canais de interação pela internet. No mundo internético de hoje, a CGM é o verdadeiro medidor da credibilidade da companhia e da marca. Por essa razão, o sucesso de uma empresa ou de uma marca está em sua capacidade de criar e manter a credibilidade junto a seus consumidores e clientes, que têm voz cada vez mais ativa, em todas as frentes. Basta perguntar à Dell.

Ou à AOL. Em junho de 2006, quando Vincent Ferrari ligou para cancelar sua assinatura, ele confrontou de igual para igual um funcionário bastante agressivo do atendimento ao cliente. Apesar dos pedidos claros, inequívocos e repetidos de Ferrari para que cancelassem sua conta, o atendente se recusava, teimando em atormentá-lo, e tentava, de um jeito irritante, fazê-lo desistir do cancelamento – a certa altura, o funcionário até mesmo pediu para falar com o pai de Ferrari. Quanto mais frustrado o cliente ficava, mais o atendente o tratava de maneira rude e agressiva.

Então o que Ferrari fez? Ele gravou os 21 minutos de conversa e disponibilizou o arquivo de áudio primeiro em seu blog e depois no YouTube, site em que o diálogo foi ouvido 62.827 vezes em apenas dois dias. O arquivo foi rapidamente detectado pelo revolucionário blog Consumerist.com, no qual foi descrito como "a melhor coisa que já postamos aqui".

Logo depois, a situação só piorou para a AOL. Outros assinantes começaram a inundar a blogosfera com seus próprios relatos de experiências ruins como consumidores e, assim como aconteceu com a Dell, esse dilúvio acabou chamando a atenção da mídia tradicional. A história logo apareceu na CNBC e no *The New York Times*, e Ferrari até fez uma aparição no noticiário *Today*. Foi um desastre de relações públicas para a AOL, e tudo por causa de uma única ligação de um cliente.

Mas não foi Vincent Ferrari quem criou os problemas da AOL e tampouco Jeff Jarvis quem gerou os da Dell. Suas reclamações simplesmente expuseram e aumentaram as dificuldades que já existiam. Não foi apenas má sorte o fato de que tanto Jarvis quanto Ferrari tinham blogs populares e que os dois tenham decidido escrever sobre suas experiências ruins. Na realidade, a falta de credibilidade das empresas é que foi responsável pela reação adversa iniciada por Jarvis e Ferrari. O azar da AOL e da Dell foi que elas não se preocuparam em estabelecer um relacionamento aberto e de confiança com seus consumidores. Elas simplesmente não tinham credibilidade – e foram punidas por causa disso.

A noção de credibilidade no mundo dos negócios, das vendas e da propaganda sempre me intrigou. Será que as empresas dizem toda a verdade? Será que enganam os consumidores quando não conseguem cumprir a promessa que sua marca divulga? Qual a relação entre credibilidade e sucesso nos negócios?

Em 1999, deixei um emprego fantástico na Procter & Gamble para submeter essas dúvidas a um teste mais decisivo. Fundei o PlanetFeedback, um site de feedback do consumidor inspirado, em parte, por um exercício de redação de cartas em grupo, no bastante renomado curso de Gerenciamento de Serviços da Harvard Business School, que agregou centenas de milhares de cartas, comentários e depoimentos dos consumidores a respeito de suas experiências com marcas. Eu não era contratado de nenhuma empresa e não tinha nenhuma intenção oculta (bom, na verdade, eu *planejava* ganhar dinheiro com esses dados) além de ouvir e aprender com os clientes – eu era uma espécie de guardião das opiniões dos consumidores, mantendo minha neutralidade.

O PlanetFeedback coletou centenas de respostas de consumidores altamente interessados a respeito de milhares de questões e circunstâncias e usou essas informações para definir critérios de avaliação para as empresas com base em medições da fidelidade, satisfação e confiança do consumidor.

E o que esses critérios nos revelavam era fascinante. Eles nos informavam que as marcas de sucesso, como a Lands' End e a Southwest Airlines, receberam avaliações positivas além do esperado junto aos consumidores, ao passo que marcas que lutam para serem reconhecidas, como a Cingular (atual AT&T) e a Northwest Airlines, receberam avaliações extremamente negativas. É interessante notar que a agora malfalada MCI WorldCom teve a menor pontuação de todo o site quase um ano antes de cair nas garras da mídia em razão de suas operações contábeis escandalosas. Em outras palavras, esses critérios de avaliação nos mostravam que as empresas e as marcas mais bem-sucedidas eram aquelas consideradas as mais confiáveis, e vice-versa.

No caso da Dell, a insatisfação dos clientes já era um tema preocupante antes mesmo de Jeff Jarvis botar a boca no trombone. Uma análise feita pelo PlanetFeedback, em 2003, das cartas enviadas pelos consumidores mostrou que estes consideravam o serviço de atendimento ao cliente da Dell muito pior do que o de outros grandes fabricantes de computadores. Ela não oferecia aos consumidores a oportunidade de inspecionar seus produtos ou conversar com um gerente pessoalmente, e entre seus problemas de credibilidade estavam suporte técnico fraco e a reputação de que os funcionários do serviço de atendimento eram indiferentes. Como um dos consumidores da Dell declarou ao PlanetFeedback: "Eu aprofundei a pesquisa a respeito do serviço de atendimento ao cliente da empresa e agora estou com medo de adquirir o produto." Se a companhia tivesse lidado com sua crise de credibilidade ouvindo o que os consumidores tinham a dizer e fazendo algo a respeito, poderia ter evitado o pesadelo de 2005. Em vez disso, uma praga digital acabou devorando a reputação que a Dell levou inúmeros milhões de dólares para construir.

Depois que fundei o PlanetFeedback, aprendi bem rápido que a vontade do consumidor de se manifestar ou se expressar a respeito de uma marca e a credibilidade visível dela estão inextricavelmente ligadas. Afinal de contas, uma marca, essencialmente, é uma promessa, e seu sucesso é o reflexo de quão bem ela cumpre o que promete. Na verdade, algumas das cartas mais maldosas – e, portanto, que mais traziam danos à marca – que vimos no PlanetFeedback mencionavam o abismo que existe entre a promessa feita pela marca (por exemplo, "Estamos aqui para servi-lo") e a realidade (por exemplo, nunca conseguir falar com um funcionário ao ligar para a central de atendimento da empresa). Também aprendi que existem questões específicas (como cobrança, comportamento dos funcionários ou práticas de reembolso) que podem conquistar os consumidores ou desencadear sua raiva.

Como cofundador da primeira equipe de marketing interativo da Procter & Gamble, logo aprendi que a internet é uma grande fonte de informações sobre as opiniões e as críticas do consumidor. Ao liderar mais de 100 operações do tipo "testar e aprender", em todos os aspectos do marketing interativo – desde sites até propagandas específicas para a internet, passando por amostras on-line –, descobri que a web é uma enorme plataforma para ouvir o consumidor e revela muito sobre o valor de uma marca. Mais valiosas para as empresas do que 100 grupos de discussão, as conversas espontâneas e realistas que acontecem na internet não apenas refletem aquilo que os consumidores de fato pensam como também dão às empresas a oportunidade de participar do diálogo. A verdade é que, na web, os consumidores têm um poder muito maior de propagar suas opiniões de maneira mais visível, mais ampla e mais eficiente do que por meio de qualquer uma das redes sociais fora da internet. E eu logo descobri que isso pode gerar tanto oportunidades quanto dores de cabeça para as organizações.

Quando saí da Procter & Gamble para fundar o PlanetFeedback, três coisas já estavam claras para mim. A primeira é que o consumidor é o novo centro do universo. A segunda é que os consumidores influentes estão em um patamar totalmente novo de poder e impacto que exerce mais pressão sobre as marcas para que elas de fato sejam confiáveis e para que cumpram suas promessas em todos os aspectos. A terceira revelação que tive é que, para manter essa credibilidade, as empresas não têm outra escolha senão ouvir com extrema atenção o que os consumidores têm a dizer, na linguagem deles. Essa era, para mim, a nova realidade.

Tendo feito essa descoberta, levantei mais de US$ 30 milhões em investimento para fundar o PlanetFeedback. Uns dois anos depois, houve a fusão com a Intelliseek, uma firma de tecnologia cujo negócio se baseia em buscas e que estava começando a se concentrar em compreender os milhões de conversas dos consumidores em fóruns na internet. Ao juntar o capital das duas empresas, nosso rol de clientes e nossas equipes de gerenciamento, estávamos numa boa posição para começar a delimitar um nicho totalmente novo para a mídia gerada pelo consumidor, termo que concebi para descrever toda a mídia on-line – que inclui blogs, sites de compartilhamento de fotos e vídeos, redes sociais, fóruns on-line e sites de críticas de produtos –, por meio da qual os consumidores podem trocar opiniões uns com os outros. Com uma ampla experiência obtida em projetos realizados para clientes como Toyota, BMW, Sony, Sprint e Time Warner, a Nielsen Company nos comprou e nos juntou a nossos maiores concorrentes, a BuzzMetrics e a Trendum, no intuito de criar uma nova entidade, chamada Nielsen Online.

A nossa visão ampla sobre o que pensa o consumidor acabou me proporcionando uma perspectiva fascinante, tanto das oportunidades quanto dos desafios por que passam as grandes marcas e corporações. Com dezenas de milhões de conversas produzidas diariamente, sendo que uma parcela significativa delas a respeito de empresas e marcas, a internet passa a oferecer um conjunto de indicadores para as empresas de hoje em dia. E esse "rastro de responsabilidade digital" é essencialmente um termômetro para as decisões financeiras, que são boas, ruins ou totalmente idiotas.

A revolução tecnológica da internet trouxe uma dimensão totalmente nova à credibilidade das empresas. Como vimos no caso de Jeff Jarvis e de Vincent Ferrari, as novas formas de mídia on-line – dos blogs aos wikis, do YouTube ao MySpace – colocam nas mãos de todos, de qualquer um, as ferramentas para comunicar às massas uma enorme variedade de experiências do consumidor. Este sempre teve muito a dizer a respeito das organizações; na era pré-internet, ele simplesmente optava por não se expressar porque era muito mais difícil, e tomava muito mais tempo, partilhar suas opiniões com um público mais amplo. Agora, falar o que se pensa é quase tão fácil quanto respirar, e esse fato está mudando as regras para as empresas em todo o mundo.

Mas também há boas notícias. A web não apenas oferece aos consumidores um palanque no qual podem expressar suas preferências, seus descontentamentos e experiências – ela também dá às empresas uma chance de ouvir o que os consumidores têm a dizer. Ela propicia a você e a seus concorrentes a oportunidade valiosíssima de entrar em sintonia com as questões problemáticas originadas pela sua companhia e todo o burburinho ao redor dela ou do seu produto. Essa é uma das grandes características da nova era da transparência: a informação está disponível para que *todos* possam ter acesso a ela e interpretá-la – não só os profissionais de marketing e os publicitários, mas também os gerentes, os desenvolvedores de produto, os webdesigners e os executivos em todos os níveis hierárquicos da organização. Use-a com sabedoria ou a ignore por sua própria conta e risco.

A realidade do nosso mundo on-line transformou a credibilidade no bem mais importante das empresas de hoje. Este livro mostra como construir e expandir esse bem, utilizando as técnicas e as estratégias que aprendi ao longo dos anos ajudando companhias a interpretar, analisar e responder às mensagens do exigente consumidor atual.

Mas, antes de você seguir em frente, peço que leia, releia e se comprometa com estas três verdades, que permeiam este livro:

1. As empresas não detêm mais o poder absoluto sobre as decisões e o comportamento dos consumidores.
2. Quanto mais as companhias se recusam a aceitar a influência da comunicação entre os consumidores e a perpetuar os velhos modos de fazer negócio, mais elas irão afastar e perder clientes.
3. Para ter sucesso num mundo em que os clientes agora controlam o diálogo, onde os consumidores satisfeitos relatam sua experiência positiva a três pessoas e os que ficam frustrados e aborrecidos as divulgam para 3 mil indivíduos, as empresas devem, sem sombra de dúvida, ter *credibilidade em todas as áreas*.

Capítulo 1

A credibilidade é o bem mais valioso das empresas – como garantir que a sua companhia a tenha?

Em seu famoso ensaio "The Tragedy of the Commons" (A tragédia dos comuns), Garrett Hardin apresenta o conflito fundamental entre os interesses individuais e o bem comum. Ele descreve a situação em que um pedaço de terra está à disposição de todos os criadores de gado de um povoado e então um após outro leva os animais para pastar, sem perceber a inevitável consequência: a terra irá se esgotar por causa da pastagem excessiva.

> Ao fazer uma conta por alto, o criador de gado sensato conclui que a única coisa que faz sentido é adicionar mais um animal ao seu rebanho. E depois mais outro... Mas cada um dos criadores sensatos que partilham o pedaço de terra chega a essa mesma conclusão. É aí que se encontra a tragédia. Cada homem está preso a um sistema que o impulsiona a aumentar cada vez mais seu rebanho, sem estabelecer limites – num mundo que é limitado.

No século XXI, a atenção e a confiança do consumidor são como esse pedaço de terra – um recurso limitado que facilmente se esgota. No mundo atual, em que existe banda larga de alta velocidade e a possibilidade de gravar digitalmente a programação televisiva pulando os comerciais, mais do que nunca os consumidores dedicam menos de sua atenção e paciência às propagandas e ao marketing. A saturação de propagandas, as mensagens enganosas e as expectativas mal administradas contribuem para a diminuição da confiança que os consumidores depositam nas empresas.

Então as companhias precisam batalhar cada vez mais para manter sua participação no mercado, reforçar as mensagens da marca e comunicar novas ideias para garantir seu posicionamento perante os concorrentes – em outras palavras, para utilizar mais o terreno do que os outros criadores de gado. Mas, quando as empresas simplesmente gastam dinheiro com propaganda a fim de comprar a atenção do consumidor sem desenvolver estratégias para cultivar a credibilidade e ganhar sua confiança, elas acabam enfrentando problemas. Pois não existe mais um relacionamento de cima para baixo entre as organizações e os consumidores. Até pouco tempo atrás os profissionais de marketing tinham controle sobre a mensagem e podiam contar com que as massas, gostando ou não, seguiriam o que a mensagem propunha, mas hoje em dia é o consumidor quem manda.

Numa palestra em outubro de 2006, Charlotte Otto, representante global de relações externas da Procter & Gamble, declarou que é uma ilusão pensar que, como profissionais da comunicação, podemos "controlar" a mensagem ou "administrar o meio". "Hoje, mais do que nunca, os consumidores são os donos das marcas. Eles são donos das nossas mensagens. Mandam no diálogo que dita como, onde e se irão ou não convidar nossas marcas para fazer parte de suas vidas", afirmou ela.

E isso nos leva de volta à credibilidade. Esta pode não constar do balanço patrimonial da sua empresa, mas é o maior bem que ela possui. É a única moeda válida neste vasto mercado, repleto de ruídos. Mas o que exatamente constitui a credibilidade, e como você pode aprender a utilizá-la de maneira proveitosa?

A credibilidade no atual ambiente de marketing é o produto de seis fatores determinantes. A maioria está interligada, mas eles exigem táticas e estratégias diferentes para se materializarem totalmente. São:

1. Confiança
2. Autenticidade
3. Transparência
4. Atenção ao consumidor
5. Receptividade
6. Confirmação

1. Confiança

A confiança é talvez o fator determinante mais essencial para a credibilidade. Ela implica capacidade de confiar, de poder depender da empresa ou do produto e ter fé neles. É conquistada por meio de práticas de negociação honestas, éticas, diretas, consistentes e previsíveis. Infelizmente, a confiança é um recurso escasso no atual mundo dos negócios. De acordo com um estudo feito pela Intelliseek e pela Forrester Research em 2004, os consumidores confiam muito mais em outros consumidores do que em companhias ou marcas e desconfiam de maneira geral das técnicas de marketing empregadas pelas organizações. Essa descoberta foi confirmada em 2007, num estudo realizado pela Nielsen a respeito da confiança global. Praticamente todas as regiões do mundo apresentaram o mesmo resultado.

A confiança é o fator determinante mais intimamente ligado ao desempenho. Afinal, quem é que vai confiar num produto ou serviço que não tem o desempenho prometido? Lembre-se: uma marca é uma promessa, e os consumidores avaliam as marcas de acordo com o nível de cumprimento dessas promessas.

Ela também inclui um elemento de previsibilidade. Os consumidores não apreciam surpresas desagradáveis. Pergunte a si mesmo: as campanhas publicitárias da sua empresa "aumentam" a verdade? Aquilo que você diz sobre o produto de fato corresponde ao que ele pode fazer ou proporcionar? O seu produto ou serviço alcança o desempenho prometido de maneira consistente e como era esperado? As companhias que fortalecem a relação de confiança com os consumidores podem honestamente responder "sim" a todas essas perguntas.

Mas nem sempre isso é suficiente. É importante também aderir a uma política de comunicação honesta e direta na internet. As empresas que apresentam alto nível de confiança não criam blogs nos quais os autores se fazem passar por consumidores, não publicam em fóruns comentários positivos supostamente escritos por consumidores e sempre divulgam informações úteis e verdadeiras em seus sites. Como demonstraram diversos estudos conduzidos pela Nielsen, os sites das marcas ocupam o segundo lugar na classificação dos veículos de comunicação "confiáveis", logo depois da propaganda boca a boca. E isso faz sentido: afinal de contas, os sites existem para ajudar os consumidores a encontrar informações e solucionar problemas.

Conheça a seguir cinco exemplos de empresas que estabeleceram e conseguiram manter um alto nível de confiança por parte de seus consumidores.

A Lands' End construiu sua reputação ao cultivar um relacionamento com os consumidores baseado na confiança. O serviço de compras de roupas e acessórios por catálogo corresponde exatamente ao que promete, e a empresa não demora a agir caso os consumidores questionem essa confiança. A companhia faz um esforço genuíno para lidar com a reação de cada cliente e trocar qualquer produto que não o satisfaça. A garantia dos produtos da Lands' End é ilimitada e se baseia na seguinte premissa: "Caso você não esteja satisfeito com algum produto nosso, basta enviá-lo para troca, a qualquer momento, ou receber o valor correspondente. Estamos falando sério. Qualquer que seja o item, na hora em que você precisar. Sempre. Mas, para deixar bem claro, vamos simplificar ainda mais: PRODUTO GARANTIDO. PONTO FINAL."

Sua central de atendimento é sempre atenciosa com as chamadas e a empresa considera o atendimento ao cliente sua prioridade. A companhia tem centrais telefônicas que recebem ligações gratuitas 24 horas por dia, todos os dias da semana, e envia uma resposta personalizada para cada um dos 200 mil e-mails que recebe por ano. O serviço Lands' End Live até oferece aos consumidores a oportunidade de usar a ferramenta de "bate-papo" on-line para que eles possam se comunicar diretamente com os atendentes enquanto fazem suas compras pelo site Landsend.com.

Os consumidores acreditam que os produtos da Lands' End e seu atendimento sempre irão corresponder (ou exceder) às suas expectativas, e o resultado geral é um nível absurdamente alto de fidelidade por parte deles, além de uma quantidade inesperada de mídia positiva.

A Johnson & Johnson é outra empresa de confiança, com uma tradição de mais de 100 anos de comunicação aberta e transparente, mesmo em épocas de crise. Ela fabrica milhares de produtos de cuidado pessoal bastante conhecidos, entre os quais cosméticos, produtos para bebê, medicamentos e equipamentos para diagnósticos médicos.

Será que é possível competir nessas categorias sem que haja uma grande parcela de confiança na equação? James Burke, o ex-presidente da Johnson & Johnson, é conhecido pela maneira sincera e honesta com que abordou a crise do Tylenol no começo da década de 1980, em que algumas cápsulas foram adulteradas com cianeto. A marca não apenas demonstrou compaixão genuína pelas pessoas que ficaram doentes por tomarem o medicamento contaminado como também empreendeu um esforço descomunal para reconquistar a confiança e a sensação de segurança dos consumidores. Quando o Tylenol voltou às prateleiras, a Johnson & Johnson modificou as embalagens, adicionando três camadas de lacre, duas a mais do que o recomendado pela FDA (Food and Drug Administration).

A Canon USA, fabricante de diversos produtos eletrônicos, desde filmadoras até câmeras digitais, estabeleceu um novo patamar para a confiança do consumidor numa categoria de produtos que costuma ser prejudicada por um alto nível de frustração e desconfiança. Embora o funcionamento do serviço de atendimento ao cliente da Canon sofra dos inúmeros problemas da indústria de eletrônicos como um todo, a empresa ganha credibilidade por meio de seu compromisso com a qualidade e a inovação. A cada ano, ela gasta aproximadamente 10% do valor líquido de suas vendas em pesquisa e desenvolvimento, quase o dobro da porcentagem investida por seus principais concorrentes.

Produtos de alta qualidade geram confiança, manifestada por meio da grande quantidade de avaliações e críticas positivas disponíveis on-line, e também do alto grau de fidelidade por parte do consumidor, além de mais compras. Os clientes respondem de maneira positiva à força de vendas da empresa, uma das mais capacitadas do setor, e isso também contribui para o incrível impacto da mídia gerada pelo consumidor. Como consequência, a Canon está constantemente à frente de outras grandes marcas de eletrônicos em termos de desempenho, foi apontada como uma das empresas mais admiradas pela revista *Fortune* e ficou em 25º lugar entre as 100 melhores marcas, no ranking da revista *BusinessWeek*.

A Southwest Airlines está sempre em primeiro lugar na classificação de mídia gerada pelo consumidor, ou CGM, do PlanetFeedback.com e recebe críticas positivas on-line com frequência.

Essa empresa aérea promove a confiança do consumidor ao administrar cuidadosamente suas expectativas e ao tomar cada decisão sempre levando em conta a única promessa de seu produto: preços baixos. Na verdade, quando um funcionário sugeriu que a Southwest oferecesse uma refeição leve no voo de Houston para Las Vegas, Herb Kelleher, o fundador e presidente da empresa, imediatamente descartou a sugestão, porque ela poderia aumentar o preço das passagens. Além disso, os consumidores não se importam em trazer seus próprios lanchinhos quando voam pela Southwest. E por quê? Porque, quando voam pela companhia, eles não esperam ter uma experiência de luxo; em vez disso, confiam que estão recebendo exatamente aquilo que ela promete: passagens com menor preço e ponto final. Essa credibilidade serviu para gerar CGM positiva para a empresa e é um dos motivos pelos quais ela é uma das poucas no setor a lucrar de fato.

A Mazda, por outro lado, ainda está se refazendo do golpe em sua credibilidade quando se descobriu que o "blog do consumidor" que a empresa criou era, na verdade, uma iniciativa oculta por parte de sua agência de propaganda. Os blogueiros logo identificaram a farsa e passaram a criticar ferozmente a companhia pela quebra de confiança. E, como o rastro digital é permanente, a reação adversa persegue a fabricante de automóveis até hoje: se você fizer uma busca por "Mazda blog" no Google, tudo o que vai encontrar são mensagens hostis. A empresa violou o princípio da confiança e está pagando por isso até hoje.

2. Autenticidade

Uma empresa que projeta uma aura de autenticidade é aquela percebida pelos consumidores como verdadeira e sincera, consistente e genuína. A confiança e a autenticidade, é claro, estão intimamente ligadas – os consumidores confiam nas marcas que parecem ser verdadeiras e sinceras. A autenticidade é um fator determinante bastante crucial na era digital, em que os consumidores têm mais ferramentas a seu alcance para provar ou contestar aquilo que a companhia diz. Numa época em que informações detalhadas sobre produtos da empresa, práticas de comércio e notícias estão facilmente disponíveis, é ainda mais vantajoso apostar na autenticidade.

Ser autêntico é cada vez mais importante à medida que os consumidores se tornam ainda mais céticos em relação à propaganda e às marcas. Hoje em dia, até mesmo o consumidor que mais confia se pergunta: será que essa empresa é verdadeira? Ela se comunica de maneira sincera ou suas mensagens soam falsas, forçadas? Será que seus motivos são honestos ou ela recorre à manipulação? Será que essa companhia se importa *de verdade* comigo?

Existem nuances importantes que acabam afetando a percepção da autenticidade de uma empresa por parte dos consumidores. Estamos entrando numa nova era do marketing, na qual os consumidores avaliam as marcas com base num conjunto de critérios muito mais rigoroso, colocando na mesa seus próprios valores – ou até mesmo as causas que defendem. A seguir, apresento três exemplos de companhias que expandiram sua autenticidade ao tentar corresponder aos valores de seus principais consumidores.

A Chick-fil-A, uma rede de fast-food de frango, conseguiu seu invejável manto de credibilidade ao fazer tudo de maneira autêntica. Os fundamentos da companhia são a fé e a crença inabalável em Deus, princípios que guiam as negociações da empresa e o modo como atende seus clientes.

Os restaurantes da marca não abrem aos domingos, de modo que os funcionários possam passar o dia praticando sua religião. Uma das expectativas da empresa é que os gerentes de cada unidade contribuam para o bem-estar da comunidade e dos funcionários exercendo sua liderança baseada em servir aos outros – liderança que se concentra não tanto no que a pessoa deseja, e sim em como ajudar os outros a conseguirem o que querem. Apesar de ficar aberta somente seis dias por semana, a Chick-fil-A tem a maior média anual de vendas por unidade de qualquer cadeia de fast-food de frango dos Estados Unidos. Na verdade, as vendas de cada unidade não fazem feio perante o McDonald's, o Burger King e o Wendy's, embora ela tenha 52 dias de venda a menos por ano.

A Peet's Coffee, do norte da Califórnia, teve um crescimento considerável nos últimos anos basicamente porque é vista como uma marca menos corporativa e mais autêntica do que a Starbucks. Ela agrada até os mais exigentes apreciadores de café porque é verdadeira e genuína em seu compromisso com a qualidade.

Visitei a Peet's no ano passado e fui testemunha da atenção que ela dedica a cada saquinho de grãos de café. O trabalho não é terceirizado e a maioria dos testes é realizada na própria matriz, em Emeryville, Califórnia. Funcionários verificam cuidadosamente o sabor de cada lote como se fossem sofisticados vinicultores.

Mas a autenticidade da Peet's vai além de simplesmente colher e inspecionar grãos de café; a companhia emprega um método de torrefação artesanal único. Como o site da empresa informa: "Leva tempo para desenvolver tais técnicas de torrefação... Exigimos que cada um de nossos torrefadores se comprometa a permanecer 10 anos no emprego. Acreditamos que esse profissional é suficientemente experiente para ser considerado especialista somente depois de três ou quatro anos de treinamento. Nossa torrefação é manual, não computadorizada. É feita em pequenos lotes, com muita atenção às características individuais que cada tipo de café ou combinação de grãos requer. Todos os nossos 35 tipos são torrados todos os dias. E a torrefação é feita levando-se em consideração o sabor, não a cor."

Para assegurar sua integridade, a companhia tomou a decisão deliberada de não crescer na mesma velocidade que a Starbucks – ela considera o sistema de franquias algo que pode comprometer potencialmente a qualidade e o serviço. Esse modo de conduzir os negócios ajudou a Peet's a manter um alto padrão de autenticidade perante seus consumidores.

A Ben & Jerry's (agora parte da Unilever) construiu uma base fiel de consumidores ao adotar a postura autêntica de ter um compromisso de retorno com a comunidade. Em 1985, a empresa utilizou seus lucros para criar a Ben & Jerry's Foundation, que em determinada época doou mais de US$ 1,1 milhão por ano a projetos sociais e ambientais e faz doações para grupos de ação comunitária. Em seu site, ela também se posiciona diante de diversas questões sociais – tais como eficiência de combustíveis, defesa da paz e apoio a famílias de pequenos produtores – e defende seu forte compromisso com a justiça social e com o meio ambiente em tudo o que faz. Essa autenticidade acaba tendo uma forte repercussão junto aos consumidores que compram o sorvete Ben & Jerry's. A atmosfera realista e o senso de humor que permeiam os produtos da empresa e estão presentes no site contribuem para a autenticidade – afinal, é difícil não gostar de uma empresa que permite que seus consumidores inventem seus próprios sabores e criem nomes de sorvete em homenagem a astros do rock.

Um exemplo perfeito de como não é aconselhável marcar bobeira com a autenticidade: certa vez, quando a Ben & Jerry's tentou contratar um "profissional" para presidir a empresa e fazê-la crescer mais, o tiro saiu pela culatra – foi uma decisão que alarmou tanto os consumidores mais fiéis quanto seus próprios executivos. Depois de um ano, o experimento foi anunciado como um fracasso e o presidente foi demitido.

3. Transparência

Hoje em dia, por meio de mecanismos de busca como o Google e outras ferramentas populares de pesquisa, como a Wikipedia, os consumidores podem aprender tudo o que existe a respeito da sua empresa – não apenas sobre o produto externo, mas também acerca do processo de fabricação, dos ingredientes, das políticas de negociação, compensações e benefícios para executivos e das práticas de trabalho.

A maioria dos verbetes das grandes corporações presentes na Wikipedia – como McDonald's, Nike, Procter & Gamble e Coca-Cola – facilita a localização não apenas de dados estatísticos oficiais e fatos a respeito da empresa como também oferece links diretos para blogs criados por terceiros, comentários de consumidores e outros documentos relevantes. A internet simplesmente cria mais exposição para as organizações e as marcas. Portanto, para ganhar credibilidade e conquistar a confiança dos consumidores, as empresas devem ser 100% transparentes em tudo o que fazem.

As corporações transparentes não escondem suas práticas e políticas e também tornam pública a maioria dos fatos e dados relevantes (sem divulgar informações confidenciais). A transparência requer abertura e visibilidade e é cada vez mais importante na era da CGM.

Em muitos casos, agir com mais transparência pode ser tão simples quanto aumentar o tamanho da letra dos textos informativos do produto ou tornar os rótulos mais claros e fáceis de ler. Em outros casos, a transparência está em voluntariamente fazer advertências ao público nas propagandas ou nas embalagens. As empresas farmacêuticas, que, por lei, são obrigadas a advertir sobre riscos e efeitos colaterais, praticam o que podemos chamar de transparência forçada.

Mas revelar o mínimo exigido por lei muitas vezes não é suficiente para atingir a verdadeira transparência. Além disso, o *modo* como a empresa escolhe transmitir tais advertências pode afetar sua credibilidade – se num comercial de TV para um medicamento o anunciante ler a lista de efeitos colaterais negativos, pronunciando os itens com clareza e num ritmo adequado, no começo do comercial, por exemplo, o produto será visto como mais transparente do que se a lista de efeitos colaterais for lida nos últimos cinco segundos.

No mundo on-line de hoje, os grupos ativistas estão cada vez melhores em achar – e propagar aos quatro ventos – a sujeira embaixo do tapete das empresas. Tais grupos, que têm mais membros e são mais influentes do que nunca graças à facilidade de comunicação proporcionada pela internet, estão pressionando ainda mais as companhias para que elas sejam mais transparentes, ao utilizar formatos multimídia de CGM para divulgar suas políticas.

Por exemplo, o PETA, grupo de defesa dos direitos dos animais, utiliza de maneira bastante eficaz os vídeos on-line para conscientizar o público. Ele conta com investigadores disfarçados que filmam em segredo os abusos sofridos pelos animais e depois disponibilizam esses vídeos em seu site. Quando o PETA postou um vídeo em que os fornecedores ingleses da KFC (Kentucky Fried Chicken) aparecem jogando e chutando frangos, como se fossem bolas de futebol, antes de matá-los, o público ficou revoltado, e a Yum! Brands, controladora da KFC, foi forçada a reconhecer de imediato a existência de tais práticas e a lidar com elas de maneira mais transparente. A companhia então lançou uma campanha de maior responsabilidade com os animais, que incluía inspeções dos fornecedores, bem como um programa de responsabilidade social, que divulgava ao público informações sobre como a KFC interage com seus consumidores e fornecedores.

Com a globalização e o livre mercado aumentando a conscientização a respeito das condições de trabalho em outros países, grupos trabalhistas militantes também passaram cada vez mais a fazer ouvir suas vozes na CGM. Sites como o BuyBlue.org atribuem notas às empresas não apenas em relação ao preço e ao valor de seus produtos, mas também com base em suas doações políticas e práticas relacionadas ao meio ambiente, às condições de trabalho, aos direitos humanos e à responsabilidade social e corporativa. A WakeUp Wal-Mart, uma campanha organizada e financiada por sindicatos, não apenas relata com grande alarde cada passo em falso da famosa cadeia de produtos baratos como também estimula os defensores de pequenas campanhas locais, proporcionando aos funcionários insatisfeitos, que trabalham ou já trabalharam na companhia, a chance de contar suas histórias nos fóruns on-line. Nos últimos anos, grupos como esse forçaram o Wal-Mart a ser mais transparente a respeito de suas práticas de contratação e seus padrões de salários e benefícios, bem como suas políticas ambientais.

Existem também vários blogs que fazem críticas às corporações no que se refere a questões cruciais de direitos trabalhistas ou sustentabilidade ao publicar informações incriminatórias e encorajar os consumidores a boicotar as empresas que os desagradam. Tais blogs oferecem links para diversos sites semelhantes, os quais também destacam as transgressões de diversas companhias em pixels bem vivos, criando o clássico efeito da lente de aumento. As campanhas dos blogueiros contra empresas específicas podem incluir avalanches de e-mails e de correspondências enviadas pelo correio, além de cartas direcionadas a órgãos do governo. Os sites mais agressivos até incentivam os leitores a visitar as sedes das empresas e manifestar suas opiniões *in loco*. Embora muitas dessas táticas sejam radicais, talvez até mesmo quase ilegais, elas ilustram claramente a eficiência da mídia gerada pelo consumidor para incitar um enorme número de pessoas em todo o mundo a dar sua opinião contrária a uma empresa ou corporação.

Para evitar a ira desses ativistas tão ruidosos, portanto, as empresas não têm outra opção senão adotar uma postura totalmente aberta e honesta em relação a seus posicionamentos éticos. A Patagonia, que produz roupas esportivas e calçados informais, por exemplo, declara em seu site: "Nossa definição de qualidade inclui a obrigação de fabricar produtos e implementar processos que causem o mínimo de impacto ambiental. Avaliamos as matérias-primas, investimos em tecnologias inovadoras, examinamos rigorosamente os resíduos que descartamos e doamos parte do que obtemos com nossas vendas para apoiar grupos que desejam um mundo melhor."

Ao adotar uma postura tão acessível – em outras palavras, transparente – em relação a todos os aspectos de seu compromisso com o meio ambiente autossustentável, a Patagonia ganhou credibilidade junto a um público bem amplo, desde os blogueiros ativistas "ecológicos" até o consumidor médio preocupado com as questões ambientais.

Portanto, a lição para qualquer negócio, desde uma cadeia de fast-food até um fabricante de roupas, é: seja transparente em relação a sua empresa ou seu produto. Hoje, as organizações podem tanto deixar que outros contem sua história – o que leva ao risco de falhas na comunicação, exageros e até mesmo manipulação – quanto antecipar, ou pelo menos neutralizar, tais ações ao relatar os fatos elas mesmas. Não é de interesse de nenhuma empresa esconder os fatos; grupos ativistas e outros, incluindo os consumidores habituais, simplesmente vão acabar descobrindo e espalhando a informação de acordo com seu próprio viés. A credibilidade e a reputação da sua empresa sofrerão muito mais danos se os consumidores descobrirem por meio de um vídeo popular no YouTube o que você tenta esconder.

4. Atenção ao consumidor

Num artigo para a revista *Ad Age*, o articulado crítico da Comcast, Bob Garfield, sugere que a arte de ouvir é a grande peça que falta na equação do marketing. E ele está totalmente certo: a capacidade de ouvir é um componente crítico para se fazer negócios, em qualquer setor ou área de atuação. Uma organização que realmente ouve o cliente é uma empresa amigável, convida ao diálogo, incentiva as críticas e sugestões e adota o hábito de "ouvir em 360 graus", ou seja, absorver as contribuições de todas as direções – sejam elas internas, externas, de conteúdo gerado pelo consumidor ou outras.

Hoje em dia, essa é uma questão importante, porque quanto mais os consumidores assumem o controle, mais eles querem se sentir respeitados e valorizados. Até mesmo um simples sinal de que a empresa está aberta ao diálogo – como informar a URL do formulário para sugestões em todo o material de propaganda, no ponto de venda e em todas as embalagens – pode melhorar o relacionamento.

Além disso, as companhias podem criar endereços de e-mail específicos para estimular os consumidores a dar sua opinião. A Home Depot, por exemplo, criou em 2007 o endereço wearelistening@homedepot.com como uma maneira de incentivar os consumidores insatisfeitos a entrar em contato com a empresa e dar início a uma força-tarefa dedicada a lidar com cada problema que surgisse. Como escreveu Frank Blake, o presidente da organização: "Temos o compromisso de ser a empresa que ajudou a estabelecer o padrão de excelência em atendimento ao consumidor no setor de material de construção e decoração. Por favor, ajude-nos a servi-lo sempre. Dou minha palavra de que faremos o possível para resolver o seu problema." Esse compromisso foi um grande passo para reconquistar os consumidores que estavam decepcionados com o serviço de atendimento da Home Depot. Ela aprendeu que metade da equação para ganhar o respeito e a credibilidade dos consumidores é simplesmente ouvir o que eles têm a dizer e demonstrar que se importa com eles.

Ouvir os outros aumenta a credibilidade de várias maneiras importantes. Em primeiro lugar, o processo de obter críticas abertas e honestas humaniza a empresa, forçando-a a descer de seu pedestal corporativo e entrar realmente em contato com os seus consumidores, de igual para igual.

Em segundo lugar, o ato de ouvir os outros reforça a credibilidade porque é a base para o relacionamento e a fidelidade.

Praticamente todo mundo deseja ser ouvido, e uma empresa que realiza esse desejo está em grande vantagem em relação aos concorrentes que o ignoram. Um estudo realizado pela Forrester, em 2003, sugere que os consumidores são bem mais favoráveis às marcas que os fazem se sentir à vontade, que demonstram interesse em ouvir o que eles têm a dizer. Incentivar as críticas por meio de sites, blogs e outras formas de CGM é uma boa maneira de abrir os canais de comunicação e posicionar a sua empresa como uma entidade que ouve de maneira proativa.

Em terceiro lugar, o processo de ouvir os outros dá forma ao diálogo externo. Quando acham que as empresas não ouvem o que eles têm a dizer, os consumidores passam a utilizar outros meios de expressão. E, embora você possa monitorar o conteúdo e o fluxo de críticas no site da sua companhia, assim que os consumidores começarem a publicar comentários em outro lugar, você perde esse controle. Na verdade, eles espalham a CGM por toda a internet porque não sentem que estão sendo ouvidos.

As organizações devem também ampliar suas plataformas de ouvidoria a sites extremamente populares, como o YouTube e o Facebook. Hoje em dia, já que qualquer pessoa pode montar um perfil em sites de redes sociais em poucos minutos – e de graça –, muitas empresas criam páginas corporativas e incentivam os consumidores a adicioná-las às suas listas de amigos, ou então a se juntarem às suas redes de contato. Essa prática derruba a barreira ao diálogo aberto e às críticas e, ao mesmo tempo, faz com que o público, que é bastante ativo, tenha mais consciência da marca ou do produto.

As campanhas presidenciais de 2008 nos Estados Unidos são bons exemplos para as empresas de como usar a CGM para melhorar o ato de ouvir seus consumidores. Vários candidatos criaram seus perfis em sites de redes sociais. O MySpace, em particular, se tornou uma verdadeira plataforma de organização de campanhas. Hoje em dia, a "lista de amigos" é o equivalente da antiga lista de assinaturas; e, como clicar em "assinar" ou "adicionar amigo" é muito mais fácil do que ir até o comitê eleitoral mais próximo, os grandes candidatos têm uma lista de "amigos" maior do que nunca. Além disso, como as caixas de comentários oferecem aos partidários – e aos detratores – uma linha direta até os candidatos (ou pelo menos até seus funcionários), as páginas de redes sociais são uma excelente maneira de voltar a atenção para o diálogo promovido pelos eleitores (ou até mesmo participar dele) e tratar das questões com as quais eles se importam. E o mesmo vale para as empresas.

Apresento a seguir quatro exemplos de como companhias de sucesso conseguiram aumentar sua credibilidade ao ouvir os consumidores.

A Toyota Motor Corporation, um dos nossos maiores clientes da Nielsen Online há mais de quatro anos, aprendeu a prestar muita atenção às conversas que surgem na internet. Dezenas de engenheiros da montadora agora analisam diariamente os dados de CGM relacionados à qualidade – seja em blogs, fóruns ou sites criados por entusiastas da marca. Bill Stephenson, o executivo da indústria automobilística que encabeçou o nosso relacionamento com a Toyota, afirmou: "Estamos presenciando uma mentalidade totalmente nova entre os maiores fabricantes de automóveis quando se trata do quesito atenção dedicada ao consumidor. Cada opinião conta." Já que existem mais de 100 milhões de blogs somente nos Estados Unidos (minha estimativa quando da publicação deste livro naquele país), a Toyota aprendeu que a quantidade de críticas excede em muito a que a empresa poderia receber por meio de pesquisas-padrão. Consequentemente, a montadora conseguiu sugestões muito valiosas para melhorar seus produtos.

Do mesmo modo, o Bank of America desenvolveu um novo e poderoso modelo para ouvir em "360 graus", que incorpora todo tipo de dados do consumidor – não apenas as críticas enviadas diretamente para a empresa, mas também conversas espontâneas que surgem em diversos canais de CGM. Ele não apenas conduz pesquisas tradicionais e lê e responde a cartas, e-mails e ligações feitas para sua central telefônica como também presta atenção ao diálogo mais amplo e diverso que surge em blogs, wikis, sites e fóruns além do alcance de seus ouvidos. Assim como a Toyota, o Bank of America considera a tática de "ouvir em 360 graus" algo fundamental para sua estratégia e seu avanço competitivo.

Embora diversos revendedores de produtos diretos ao consumidor deixem muito a desejar no campo de atendimento ao cliente, a marca Dove Skin-Care, de produtos para a pele, da Unilever, está estabelecendo um padrão surpreendentemente alto nesse quesito. Você tem uma opinião sobre a marca Dove ou sobre a "Campanha pela Real Beleza"? A Dove incentiva entusiasticamente a divulgação de opiniões nos fóruns on-line nas comunidades disponíveis em seu site. Essa acessibilidade ajudou a disseminar a ideia de que a marca é real, autêntica e está em contato com os objetivos, as aspirações e os sentimentos das mulheres de hoje em dia.

O McDonald's, por outro lado, passa a ideia de que a última coisa que deseja fazer é ouvir os seus consumidores. O formulário disponível na seção "Entre em contato" do site não é apenas difícil de usar: ele também é praticamente impossível de achar. Para muitos consumidores, principalmente aqueles que divulgam reclamações públicas na internet, tal inacessibilidade é sinal de uma grande lacuna, que acaba atrapalhando a credibilidade em comparação com a alegre mensagem "Seja bem-vindo" que a propaganda de TV do McDonald's tenta transmitir.

5. Receptividade

A receptividade é o modo como a empresa reage, administra e lida com o feedback dos consumidores. Uma coisa é as companhias ouvirem, mas, se elas não reagem ao que ouvem, de nada adianta. Os consumidores hoje em dia já foram condicionados, depois de anos de experiência, a acreditar que as empresas sempre vão tentar parecer muito amigáveis, mas que no fim das contas não farão tudo o que for possível para lidar com seus problemas. E isso é, em parte, o motivo por que as organizações que enfrentam as baixas expectativas dos consumidores acabam recebendo uma nota alta no quesito credibilidade. Em conversas e grupos de discussão com os usuários do PlanetFeedback, descobrimos que os consumidores ficavam mais motivados a dar suas opiniões em um site de atendimento ao cliente quando a empresa não havia respondido anteriormente, mas, quando esta finalmente respondia a seus comentários ou reclamações, os consumidores ficavam muito satisfeitos.

Por exemplo, a Lenovo, o terceiro maior fabricante de PCs do mundo, vai além das baixas expectativas que os consumidores costumam ter sobre empresas de computadores: ela de fato vai até o espaço das CGMs de modo a reagir e responder aos problemas dos clientes. Na verdade, um dos executivos mais importantes da companhia visita os fóruns de mensagens e ele mesmo responde a elas. Os consumidores consideram tal receptividade um sinal de sinceridade, de que a empresa de fato reconhece seus problemas e suas sugestões.

No começo de 2006, o Wal-Mart foi alvo de grande publicidade negativa quando os consumidores que faziam buscas em seu site para DVDs com temas afro-americanos foram recomendados a adquirir títulos como *O planeta dos macacos: a série de TV completa*, *A fantástica fábrica de chocolate* e *O incrível Sr. Limpet*. A controvérsia começou quando um único blogueiro, chamado San Diego Johnny, descobriu a curiosa – e racista – falha de software. Logo, no entanto, outros blogueiros passaram a divulgar o episódio, e depois os grandes veículos de comunicação, causando revolta generalizada e até mesmo boicotes.

Mas o Wal-Mart conseguiu minimizar os danos à sua credibilidade ao adotar uma postura receptiva. Assim que a empresa foi alertada do embaraçoso e desrespeitoso problema, publicou um pedido de desculpas sincero e tirou do ar todo o sistema de vendas cruzadas até ele ser corrigido. Como resultado, foi, em grande parte, perdoada pelo público.

Às vezes, as organizações deparam com publicidade negativa decorrente de boatos falsos. Nesses casos, é igualmente importante – talvez até mais – que elas respondam a esses rumores. Por exemplo, em abril de 2006, o popular blog de resenhas Consumerist.com acusou a Jamba Juice, uma cadeia de sucos e vitaminas da Califórnia, de usar leite em sua vitamina sem leite. Isso não era verdade, mas o comentário foi repetido em 20 outros blogs e lido por um total de 23 mil pessoas. Agindo de maneira sensata, a Jamba Juice rastreou o erro e chegou até um funcionário do serviço de atendimento ao cliente que tinha se equivocado ao falar com um blogueiro e, então, publicou uma declaração no Consumerist retificando o que havia sido dito. Nem todos que viram a acusação inicial viram a declaração, mas mesmo assim ela obteve sucesso em cessar o boato que estava em andamento.[1]

REAGINDO AOS "CATALISADORES DE COMENTÁRIOS"

Todas as categorias de produtos têm aquilo que eu chamo de "catalisadores de comentários", aspectos da experiência com a marca que geram quantidades desproporcionais de comentários e diálogos on-line. As empresas precisam ouvir com atenção e ficar muito receptivas à CGM acerca dessas áreas.

Em 2006, por exemplo, um consumidor publicou uma carta no PlanetFeedback reclamando da TV de tela plana que havia adquirido, mas que estava com defeito. O aparelho estava na garantia, mas a Best Buy não atendeu a seus pedidos de troca. O que o deixou mais enfurecido, contudo, foi que ele planejava receber os amigos em casa no fim de semana, para assistir ao Super Bowl. Um evento importante como a partida final do campeonato de futebol americano é um catalisador de comentários comum, então a carta enviada ao PlanetFeedback teve um efeito viral, gerando mais de 100 respostas de outros consumidores, a maioria de apoio. No fim, a Best Buy pediu desculpas e trocou o aparelho, mas a compensação pelo problema causado foi muito pequena e veio tarde demais; centenas de consumidores haviam passado a considerar a empresa uma cadeia de produtos de baixa qualidade que não atende às reclamações.

As compras de fim de ano são outro catalisador de comentários. Os consumidores adoram partilhar suas recomendações e sugestões e fazer propaganda boca a boca on-line a respeito dos presentes que estão planejando comprar ou esperam receber. É sábia a decisão por parte das empresas de prestar muita atenção à CGM antes e durante as celebrações de fim de ano, a fim de saber que tipos de produtos estão gerando maior burburinho. Também seria bom prestar atenção a essas conversas logo depois das festas, quando as pessoas falam sobre o que gostaram ou não nos presentes que compraram ou receberam.

Alguns catalisadores de comentários são genéricos; outros são mais específicos de determinada área. O método de cobrança é um grande catalisador para o setor de telefonia celular, assim como o suporte técnico no de computadores e a segurança na indústria automobilística.

No setor de alimentação fast-food, as questões relacionadas à higiene são desproporcionalmente virais. Esse é um dos motivos por que a Yum! Brands, controladora da KFC e da Taco Bell, enfrentou tamanha crítica negativa em fevereiro de 2007, quando um vídeo mostrando dezenas de ratos andando numa filial da KFC/Taco Bell de Nova York foi parar na internet. Quase que imediatamente, a filmagem foi reproduzida pelas grandes redes de TV; todas a transmitiram no noticiário da noite, e o episódio foi divulgado vários dias nos jornais americanos. Embora esse escândalo monumental tenha forçado o fechamento da filial de Greenwich Village e dado início a uma onda de inspeções sanitárias, que resultaram no fechamento de mais 90 outros estabelecimentos em toda a cidade, muitos consumidores comentaram on-line que a Yum! não reagiu com a agilidade esperada.

As empresas precisam prestar atenção aos catalisadores de comentários que permeiam a CGM e desenvolver estratégias de marketing que amplifiquem as boas notícias, sem deixar de reagir às más. É por isso que os fabricantes de carros que têm um forte histórico no quesito segurança enfatizam essa qualidade em seus comerciais, e é por essa razão que muitas lojas de eletrônicos com reputação de atendimento ruim estão começando a implementar políticas de retorno ao consumidor para o conserto dos produtos. As empresas inteligentes sabem a que os consumidores dão valor e sobre o que comentam – o desafio é sempre reagir às questões mais importantes.

6. Confirmação

A confirmação se refere a um consenso de "verdades" positivas ou negativas sobre uma empresa ou uma marca. Não é de surpreender, portanto, que a CGM seja o principal medidor da confirmação, porque a verdade, aos olhos de um número cada vez maior de consumidores e compradores, é definida pelo julgamento coletivo de parceiros ou consumidores. Cada vez mais, eles se baseiam na CGM ou na propaganda boca a boca on-line para chegar a conclusões a respeito de produtos, marcas, organizações e serviços. Então, para ser realmente confiável no mundo digital de hoje, as afirmações feitas por uma companhia a respeito de si mesma ou de seus produtos devem ser confirmadas por aquilo que os consumidores dizem uns aos outros nos comentários em fóruns, resenhas on-line, blogs, fotos e vídeos compartilhados, entre outros.

Basta pensar no processo de compra de um automóvel. Um comprador pode ver um anúncio na TV afirmando que um carro específico é o melhor modelo da categoria em termos de segurança, tem mais espaço interno que os da concorrência ou possui recursos que não prejudicam o meio ambiente. É bem provável que esse comprador vá direto ao Google ou a um site especializado em avaliar veículos para confirmar tais alegações. Então o princípio de confirmação começa a agir. Se as opiniões no site especializado contradizem o que a propaganda afirma, talvez advertindo a respeito de air bags que não funcionam ou baixa quilometragem por litro, não apenas será pequena a chance de esse comprador adquirir tal modelo em particular como também menor será a chance de ele comprar qualquer carro do mesmo fabricante em toda a sua vida. Por quê? Porque, na mente desse consumidor, a credibilidade do fabricante já era.

Esse tipo de confirmação positiva ou negativa é agora o que molda grande parte do comportamento de compra. Na verdade, se você falar com um vendedor de automóveis hoje, ele irá lhe dizer que o comprador típico quase sempre entra na concessionária carregando uma pilha de resenhas ou comentários publicados na internet sobre os carros nos quais tem interesse. Esse cuidado com a compra pressiona os fabricantes a cumprirem as promessas que fazem em propaganda e marketing, e isso eleva significativamente o poder do comprador.

A Pampers é um exemplo de marca cuja credibilidade é constantemente confirmada por meio da mídia gerada pelo consumidor. Ela sempre se posicionou como uma empresa que faz os produtos de melhor qualidade, e tal promessa é consistentemente reforçada por comentários tanto de especialistas quanto de pais e mães em fóruns, comunidades e blogs. Na verdade, se você fizer uma busca por "fraldas" no Google, descobrirá 1,5 milhão de comentários em primeira pessoa sobre a Pampers, a maioria dos quais elogiando a marca por sua eficácia, durabilidade, seu poder de absorção e sua qualidade em geral. Alguns comentários são bastante detalhados e descritivos (talvez descritivos demais –

é *só* uma fralda, afinal) e mencionam as nuances mais sutis do produto.

A General Motors faturou com o poder da confirmação quando lançou uma campanha incentivando os consumidores a fazer uma busca no Google por "Pontiac", como uma demonstração de confiança no veículo. O *MediaPost* declarou: "Essa propaganda da GM foi significativa porque terminou com uma chamada atípica: 'Não confie só na nossa palavra. Faça uma pesquisa no Google por Pontiac e descubra você mesmo.'" Apenas as empresas que já têm credibilidade podem fazer algo desse tipo. Quando os consumidores viram que os resultados de busca por Pontiac de fato confirmavam todos os pontos positivos que a empresa informava a respeito do carro, sua credibilidade aumentou.

A Home Depot, por outro lado, está penando para conseguir confirmação positiva com seu novo programa Eco Options. Embora ela enfatize seu compromisso em vender produtos que correspondam aos mais altos padrões de sustentabilidade, muitos diálogos on-line indicam o contrário: a empresa foi criticada amplamente – e com bastante estardalhaço – por continuar a vender produtos que agridem o meio ambiente, como agrotóxicos e lâmpadas pouco eficientes.

Inúmeras outras marcas também passaram a ter suas iniciativas ecológicas ou "verdes" confirmadas ou não on-line. Na verdade, as afirmações ecológicas atraem grande desconfiança – além de comentários on-line – por parte dos consumidores mais atentos às questões sociais. Consequentemente, as empresas precisam ter muito cuidado e se certificar de que estão à altura de suas promessas ecológicas.

Existe um porém para a confirmação: nem sempre ela é justa e racional. Em alguns casos, os dados que serviram para moldar uma decisão talvez nem mesmo estejam corretos. Essa, é claro, é a grande armadilha do mundo da CGM. As ferramentas de mídia social, como a Wikipedia, uma enciclopédia criada pelo usuário na qual diversos autores escrevem e editam definições sobre uma enorme variedade de tópicos, são muitas vezes vistas como fontes fidedignas que oferecem um consenso de opinião. Mas essa "sabedoria das massas", ou o julgamento coletivo de usuários anônimos na internet, nem sempre está certa; alguns usuários preconceituosos ou mal informados podem manipular significativamente o comportamento do consumidor e em muitos casos arruinar a credibilidade de uma empresa ou marca. Por essa razão, é ainda mais importante que as empresas façam parte do diálogo adotando uma postura transparente, ouvindo as opiniões e reagindo a elas e também incentivando a confiança e a fidelidade de seus consumidores.

Em seu recente livro *Todo marqueteiro é mentiroso*, Seth Godin afirma que os profissionais de marketing mais eficientes são os que contam as histórias mais elaboradas – ou seja, as mais convincentes, relevantes ou divertidas – a respeito de suas marcas. Eu acrescentaria que hoje em dia as empresas não apenas necessitam contar boas histórias: precisam contar histórias confiáveis. A credibilidade é o que comanda o mundo, e se a "história" de uma companhia não gera confiança, se ela não transmite transparência e autenticidade, se não é moldada pela capacidade de ouvir o que os consumidores têm a dizer e de responder a suas dúvidas, e se não é confirmada positivamente pelo que os consumidores dizem uns aos outros, então ela é só mais uma história falsa. E os consumidores vão acabar percebendo isso.

Nesta era digital, os consumidores não apenas estão mudando os termos dos acordos entre comprador e vendedor como também redefinindo o mercado de trabalho e reescrevendo as regras para se fazerem negócios. Nos capítulos seguintes, explicarei como você pode dar mais credibilidade ao seu negócio aprendendo a utilizar, medir e responder aos diálogos que ocorrem entre os poderosos consumidores de hoje.

Capítulo 2

O cliente é quem manda: o novo mundo gerado pelo consumidor

Quando trabalhei como assessor de imprensa na Assembleia Legislativa da Califórnia, obedecíamos a uma regra para ler e responder às cartas dos eleitores. Para cada carta que recebíamos, presumíamos que havia 100 eleitores que se sentiam da mesma maneira, mas não tinham se dado o trabalho de nos escrever. Então, obviamente, levávamos cada correspondência muito a sério. Meu chefe, o senador Art Torres, representava aquele que possivelmente era o distrito legislativo mais diversificado do país, abrangendo a zona leste e o centro de Los Angeles, Chinatown, Korea Town e grande parte da comunidade branca do sul de Pasadena. Ele não tinha escolha: para entender do que falava essa população complexa, precisava atentamente entrar em sintonia com ela.

Embora somente uma pequena porcentagem dos eleitores se desse o trabalho de escrever, suas cartas eram, surpreendentemente, bastante representativas da opinião popular. Então elas funcionavam como um valioso recurso para saber a opinião do distrito em relação a diversos tópicos, desde reforma educacional até desenvolvimento econômico. Muitas vezes, elas serviam como um indicador que atraía nossa atenção a assuntos para os quais deveríamos agir visando obter o apoio da opinião pública com relação a determinada lei e fazer pressão política para aprová-la no Congresso, convocar reuniões com eleitores ou organizar eventos para os meios de comunicação. As cartas também eram uma excelente fonte para descobrir o que estávamos fazendo de errado e conhecer a força da oposição a nossas políticas e prioridades.

A pergunta que eu me fazia constantemente naqueles cinco anos era: e se mais cidadãos se comunicassem diretamente conosco? E se derrubássemos as barreiras para obter feedback e opiniões? Como isso mudaria a situação? Será que melhoraria a qualidade do diálogo entre os eleitores e seus representantes? Levaria a novas ideias e constatações? Poderia gerar uma mudança real e duradoura?

Em 1993, quando eu trabalhava com a equipe do senador Torres na reforma do sistema de saúde, comecei a ter um vislumbre da resposta para essas perguntas. A Califórnia tinha acabado de criar um canal semelhante ao C-SPAN – a rede de transmissão que cobre os assuntos referentes ao governo americano –, chamado California Channel, para transmitir os atos do governo, os debates no legislativo e as audiências em Sacramento.

A título de experiência, a equipe do senador convidou qualquer pessoa que estivesse assistindo a uma audiência ao vivo sobre o sistema de saúde a fazer uma ligação gratuita, durante a audiência, e nos dar sua opinião sobre o assunto. Foi o primeiro teste em tempo real desse tipo no país – um mês à frente da primeira reunião de "câmara municipal virtual" do presidente Clinton –, e os resultados surpreenderam todos. Durante nossa primeira audiência, recebemos quase 20 ligações, que totalizaram uma hora e meia de depoimentos ao vivo sobre vários assuntos importantes e também acerca de experiências em primeira mão relacionadas ao sistema de saúde. Antes disso, os eleitores precisariam viajar várias horas até Sacramento, arcando com as despesas do próprio bolso, se quisessem participar das reuniões. Mas ao criar essa "audiência interativa", da qual as pessoas poderiam participar sem sair de casa, permitimos que mais eleitores partilhassem suas opiniões, as quais serviram para aumentar consideravelmente a qualidade, a relevância e o escopo desse diálogo extremamente importante.

Aquela audiência sobre o sistema de saúde foi uma grande revelação. Ela provou que a tecnologia podia desempenhar um papel vital para transformar e reforçar o ciclo de feedback com o eleitor. Criamos um diálogo significativo sobre a reforma do sistema de saúde numa época em que debates autênticos acabavam sendo abafados pela estagnação de grupos com interesses específicos: advogados, médicos e companhias de seguro. Ao lançar mão de inovações tecnológicas para derrubar os obstáculos à expressão, permitimos que os eleitores se manifestassem – eleitores que em outras circunstâncias poderiam se sentir inibidos ou não dispor de tempo, ou que consideravam trabalhoso se manifestar.

Com isso não quero sugerir que diálogo verdadeiro ou trocas significativas não existiam antes dos últimos avanços tecnológicos – é claro que existiam. Os eleitores (e os consumidores) sempre tiveram coisas importantes e influentes a dizer. Mas agora, com todas as ferramentas digitais de expressão à disposição, essa conversa ficou muito mais fácil. E quanto mais aptas as pessoas se tornam no uso da internet como um meio de comunicação e trocas, mais elas aprendem que o que têm a dizer realmente importa – que não precisam mais depositar automaticamente sua confiança e fé em políticos, corporações e grupos com interesses específicos. E estão renegociando sua relação com tais grupos com base em um novo e ousado conjunto de cláusulas e condições, num ritmo cada vez mais acelerado. A impressão que tenho é que a experiência que tive em Sacramento aconteceu na Idade da Pedra, se comparada com os avanços atuais.

Quando passei da arena política para o mundo dos negócios, logo descobri que a mesma dinâmica de opinião e expressão do consumidor que eu havia observado na política se aplicava às empresas e às marcas. Quando Jim Heskett, um dos meus professores na Harvard Business School, apresentou a ideia de que, para cada 100 consumidores que tinham uma reclamação, apenas uma pequena porcentagem de fato se dava o trabalho de dizer alguma coisa, imediatamente percebi que, quando se tratava de feedback, os consumidores e os eleitores se comportavam exatamente da mesma maneira. Esse "iceberg de reclamações", explicou Heskett, "continha diversas pistas para melhorias no atendimento ao cliente, imperceptíveis para os administradores. Se existe um iceberg de reclamações, ele é ainda maior no caso de elogios e sugestões construtivas, que os consumidores com frequência se sentem ainda menos incentivados a fazer". Pense na quantidade de informações úteis que você poderia obter ao aumentar o seu canal de feedback, mesmo que em poucos pontos percentuais!

Vários anos depois de fundar o PlanetFeedback, conduzi uma pesquisa que revelou que somente um a cada 25 consumidores tende a dar sua opinião. Também descobri que, assim como no caso dos eleitores que eu havia observado na Califórnia, os motivos por que a maioria dos consumidores não dá sua opinião são: falta de tempo, inconveniência, dificuldade para entrar em contato, ceticismo e desconfiança do efêmero "momento de feedback". Eu achava que esses motivos eram como um cano enferrujado: só precisavam de um bom desentupidor de pia para fluir.

A web e a fonte de informações

No PlanetFeedback, o nosso negócio era derrubar as barreiras ao feedback. Para minha sorte, a internet estava rapidamente se tornando uma plataforma de feedback melhor do que eu imaginava, com poucas barreiras de entrada. Com os formulários de resposta por e-mail, os fóruns e as comunidades on-line, blogs, podcasts, redes sociais e de compartilhamento de vídeo, as opiniões logo estavam fluindo com a força de um tsunami.

A grande armadilha, no entanto, é que a maior parte desse feedback não vai direto para as empresas. Com a grande proliferação das redes *peer-to-peer* na internet, a maioria das conversas ocorre fora do alcance das companhias. Mesmo no PlanetFeedback, um site criado com a intenção explícita de enviar feedback para as empresas, logo aprendi que a maior motivação para dar opinião era "ser ouvido" por outros consumidores, não obter uma resposta da organização. Na verdade, a maioria dos consumidores ficava descrente e partia do princípio de que as empresas simplesmente não se importavam e que, no fim das contas, não iriam responder.

Mas os consumidores usavam o nosso site porque se sentiam satisfeitos, do ponto de vista emocional, ao partilhar suas experiências com outros. Eles descobriram que publicar uma carta gerava dezenas de respostas de outros consumidores, e isso era muito mais imediato e satisfatório do que esperar a resposta da companhia em questão. Os consumidores que tinham problemas com o serviço de atendimento de um provedor de acesso wireless, por exemplo, podiam rapidamente identificar pontos em comum com outros usuários irritados que utilizassem o mesmo serviço. Os comentários que se seguiam acabavam sendo um tipo de catarse emocional – um coro de frases do tipo "Você também?", ou "Ah, já passei por isso", ou ainda "Puxa, cara, se eu pudesse ter te avisado antes!".

Essas conexões emocionais estão no cerne da mídia gerada pelo consumidor. Todos os consumidores conectados por aí afora não estão simplesmente interessados em se comunicar com sua empresa; eles estão muito mais interessados em falar uns com os outros. Então o que a companhia pode fazer para ter certeza de que não deixará de levar em consideração o que eles estão dizendo?

O primeiro passo é aprender como é a mídia gerada pelo consumidor, quem a está criando e onde encontrá-la. O restante deste capítulo irá lhe ensinar a fazer exatamente isso.

O nascimento da mídia gerada pelo consumidor

As empresas há tempos se baseiam em pesquisas qualitativas tradicionais, tais como as obtidas junto a grupos de discussão, levantamentos e pesquisas de opinião, para descobrir o que os consumidores pensam. Amostragens de consumidores pré-qualificados e pré-selecionados, que costumam ser subgrupos representativos do mercado-alvo relevante para a empresa, são úteis ao oferecer uma noção básica e algumas pistas, porém apresentam algumas deficiências. Quando guiadas e induzidas a responder a perguntas intencionais, as pessoas podem involuntariamente se adequar às perguntas ou responder de acordo com aquilo que acham que o moderador deseja ouvir, em vez de dizer o que de fato pensam. E, mais importante ainda, a maioria das modalidades de pesquisa qualitativa envolve métodos de múltipla escolha, tais como marcar alternativas, não uma discussão aberta sobre experiências reais de vida.

Mas, hoje em dia, a internet permite formas de feedback sem roteiro definido, baseadas no diálogo, e que são, portanto, muito mais eficazes e proporcionam um panorama mais honesto sobre as atitudes e opiniões dos consumidores. E, além disso, ela oferece às pessoas e aos consumidores comuns ferramentas e recursos para entrar no mercado de ideias e comércio de uma maneira nunca antes concebida.

Desde os primórdios da web, havia comunidades chamadas fóruns de discussão, que permitiam aos consumidores interagir e se comunicar uns com os outros a respeito de uma grande variedade de tópicos. Com o avanço tecnológico e cada vez mais pessoas acessando a internet em suas casas, houve a proliferação de centenas de milhares de outros fóruns e comunidades on-line, incluindo sites específicos de alguns setores da indústria ou voltados a interesses exclusivos. Hoje, os consumidores podem se conectar e saber o que milhões de outros estão dizendo a respeito do novo Ford Taurus ou qual a melhor marca de papinha para bebê.

Com o advento da Really Simple Syndication (RSS), um método de publicação na web que permite a qualquer usuário importar facilmente informação de um site para outro, a quantidade e a amplitude dos fóruns on-line só aumentou. Logo vieram os blogs, que usam a tecnologia RSS para levar para lá e para cá o conteúdo e a comunicação entre múltiplos usuários. Graças a seu formato, intuitivo e fácil de usar, sua capacidade ilimitada para oferecer links e o bom posicionamento que possuem nos mecanismos de busca, os blogs logo se tornaram os veículos mais populares e potentes para a mídia gerada pelo consumidor.

PARA ALÉM DOS BLOGS

Nos últimos anos, o mundo da CGM passou por uma mudança revolucionária: migrou de texto para multimídia. E a próxima geração está tomando forma rapidamente. Ao adotar os mesmos formatos multimídia que vemos nos anúncios on-line, os fóruns de CGM incluem compartilhamento de fotos e sites com tags, como o Flickr, sites de compartilhamento de vídeo, como o YouTube, redes sociais multimídia, como o Twitter, o Facebook, o Orkut e o MySpace, sites de *streaming* de áudio, podcasts e moblogs ("*mobile-enabled blogs*", ou seja, blogs atualizados via celular), que permitem que seus usuários publiquem fotos usando as câmeras de seus telefones celulares.

Como no caso de Vincent Ferrari contra a AOL, mencionado na introdução, os podcasts – ou arquivos de áudio que circulam na internet e podem ser reproduzidos em computadores pessoais ou dispositivos móveis como iPods – permitem que os consumidores gravem suas experiências negativas com funcionários de atendimento ao cliente ou operadores de suporte técnico e publiquem as gravações em seus blogs ou nas páginas de redes sociais, para que milhares de pessoas possam ouvi-las.

Os avanços da fotografia digital também acrescentaram mais uma poderosa forma de expressão aos depoimentos do consumidor. Uma resenha negativa de um carro da General Motors acompanhada da foto de um motor em chamas, por exemplo, obviamente terá muito mais impacto sobre os consumidores do que um simples comentário por escrito.

O mesmo acontece com os vídeos. Não há dúvida de que o YouTube e os outros sites de compartilhamento de vídeo que ele inspirou são uma plataforma fundamental para a mídia gerada pelo consumidor, e do tipo mais constrangedor, viral e incriminatório possível.

Em junho de 2006, por exemplo, a Comcast se encontrava no meio de uma disseminação viral quando um sujeito chamado Brian Finkelstein chegou em casa e encontrou um técnico da empresa dormindo em seu sofá. Para piorar a situação, o técnico tinha caído no sono de tanto esperar que o próprio serviço de suporte ao cliente da companhia atendesse sua ligação. Finkelstein rapidamente gravou um vídeo do técnico dormindo e o colocou no YouTube, onde foi visto por mais de 500 mil pessoas em poucas horas. O episódio, é claro, foi comentado por blogueiros, pela MSNBC e por diversos jornais e continua a trazer prejuízos para a Comcast ao aparecer nos resultados de busca.

Até mesmo em 2005, quando a mídia gerada pelo consumidor ainda engatinhava, dois vídeos populares disponibilizados na internet acabaram se tornando um pesadelo para a credibilidade das empresas Kryptonite e Kensington, que fabricam travas. Um deles, originalmente publicado no site Engadget.com, mostrava como era fácil abrir uma tranca da Kryptonite para bicicletas com diversos objetos facilmente encontrados em casa, incluindo uma caneta Bic. O outro demonstrava a facilidade para arrombar a trava Kensington de um notebook usando um rolo de papel higiênico, uma caneta esferográfica e fita adesiva. Por serem novidade na época, esses vídeos provaram que são particularmente virais, provocando uma verdadeira tempestade entre blogueiros e uma onda de publicidade negativa para as duas companhias.

A conclusão é que, hoje em dia, as câmeras e os microfones estão sempre ligados, captando tudo à sua volta. E as empresas estão sendo inspecionadas bem de perto.

DAS CONEXÕES ÍNTIMAS ÀS "REDES SOCIAIS"

A comunicação de consumidor para consumidor chegou a níveis ainda mais virais por meio das redes sociais. Sites como MySpace, Six Degrees, Facebook e LinkedIn, nos quais os usuários criam comunidades e podem convidar seus amigos, companheiros, colegas, conhecidos e até mesmo completos estranhos, conseguem disseminar informações mais rápido do que uma criança espalha catapora na escola, graças à sua capacidade ilimitada de conexões. Eu, por exemplo, sou membro da rede de contatos profissionais LinkedIn. Tenho cerca de 300 contatos diretos e outros milhares indiretos. Então, se eu publicar um comentário a respeito da minha experiência com o atendimento ao consumidor da T-Mobile, por exemplo, ele pode ser lido não apenas por milhares de contatos da minha rede como também por milhares de pessoas nas redes ampliadas de cada um desses indivíduos, e assim por diante.

É por isso que as redes sociais têm tamanha importância – tanto negativa quanto positiva – para as empresas. Se toda uma rede social ampliada de 10 mil contatos lê um comentário informando que o novo produto da L'Oréal para cabelos é o melhor no mercado, isso terá um impacto positivo nas vendas. Por outro lado, se alguém publicar a própria foto vomitando depois de comer numa cadeia de fast-food, sem dúvida isso só irá prejudicar os negócios da companhia. E essa dinâmica se encontra bem no âmago da importância da credibilidade: as empresas confiáveis são recompensadas pela mídia gerada pelo consumidor, ao passo que as não confiáveis acabam tendo prejuízos com ela.

Consumidores com megafones: quem são eles?

Não existe um único autor dessa nova mídia – todos nós estamos escrevendo essa história juntos. E embora, como vimos, cada consumidor tenha o poder de se fazer ouvir, certos grupos têm mais influência na CGM do que outros. Esses consumidores altamente engajados têm maneiras extremamente simples, mas muito poderosas, de fazer seus comentários ecoarem em seus blogs, sites, páginas de redes sociais e muito mais. Ao contrário do consumidor comum, que pode se sentir satisfeito ao partilhar sua opinião a respeito de uma empresa ou um produto com apenas alguns amigos, essas pessoas que influenciam a CGM não param até transmitirem suas opiniões para uma plateia eletrônica de milhares de indivíduos, que por sua vez polinizam a informação como se fossem abelhas. Independentemente do modo como a troca é feita, ela tem um profundo impacto sobre a credibilidade de uma organização.

Como vimos nos casos de Vincent Ferrari contra a AOL e de San Diego Johnny contra o Wal-Mart, um único blogueiro desconhecido pode agora ter o poder de incitar a ira do público e solapar corporações multibilionárias. No entanto, blogueiros de renome são ainda mais poderosos. Gente como Steve Rubel (www.micropersuasion.com), Arianna Huffington (www.huffingtonpost.com) e Robert Scoble (scobleizer.com) tem credibilidade e influência antes mesmo de abrir a boca, tanto em virtude de sua experiência, suas credenciais e especialização como também por terem gerado enorme reconhecimento e aceitação na blogosfera. Sua influência é amplificada pela extensão e pelo alcance de suas redes, tendo em vista que centenas de outros blogs oferecem links para os sites desses megablogueiros.

As empresas precisam monitorar atentamente esses formadores de opinião porque, como descobri com a minha experiência na Assembleia Legislativa da Califórnia, muitas vezes eles refletem o ponto de vista e os interesses de vários outros indivíduos, cujas vozes nem sempre são ouvidas. As organizações precisam reconhecer que, para cada megablogueiro devastador, existem milhões de zés-ninguém à espreita, em cada cantinho do mundo, que também partilham suas opiniões.

As empresas devem prestar ainda mais atenção a essas pessoas influentes agora que os grandes canais de mídia se concentram cada vez mais no universo dos blogs. Lembra-se de Vincent Ferrari e seu problema com a AOL? E de Bob Garfield e sua cruzada contra a Comcast? Sim, é verdade que essas histórias de início se disseminaram pela web, mas só quando elas foram veiculadas pelos meios de comunicação tradicionais é que alcançaram seu impacto total. Agora que a televisão, os jornais e as revistas estão ampliando o alcance da mídia gerada pelo consumidor para além do mundo virtual, é ainda mais importante que as empresas passem a monitorar essas conversas on-line – antes que elas virem notícia no horário nobre da TV.

Apresento a seguir os perfis de quatro dos mais ativos e influentes tipos de criadores de CGM e onde você pode encontrá-los.

O ADOLESCENTE TECNOLÓGICO

Há vários anos, conduzi o estudo de "Monitoração de engajamento na mídia gerada pelo consumidor", que forneceu informações úteis a respeito de quais consumidores estão criando e usando essas novas formas de mídia para disseminar suas ideias e opiniões e exercer sua influência. O estudo constatou – o que não é nem um pouco surpreendente – que os consumidores que criam conteúdo para a web também são usuários ativos de outras tecnologias, de câmeras digitais a smartphones, além dos mais recentes softwares para computador. A pesquisa revelou que os consumidores que usam iPods e tocadores de MP3, baixam música e arquivos multimídia e fazem compras on-line têm maior chance de escrever em blogs, participar de discussões virtuais e ter redes sociais grandes e ativas.

Então não é nem um pouco surpreendente que os adolescentes de hoje, familiarizados com computadores desde a pré-escola, estejam à frente de todos os outros grupos no cômputo geral da criação de CGM. Quase 50% dos adolescentes enviam fotos pelo celular; 45% já criaram ou tiveram um blog e mais de 10% são assinantes de sites com RSS. Os adolescentes têm duas vezes mais probabilidade de terem publicado conteúdo em seus próprios sites e têm 37% mais chances de publicar comentários originais em sites de terceiros, em comparação com todas as outras faixas etárias.

Enquanto isso, muito mais de 100 milhões de pessoas agora possuem um perfil no MySpace e a maioria delas é adolescente. Como afirmou Janet Kornblum, num artigo recente para o *USA Today*: "Esqueça o shopping center. Esqueça o cinema. Esqueça a escola. Esqueça até a AOL. Se você é um adolescente hoje em dia nos Estados Unidos, o melhor ponto de encontro é o MySpace." E, mais recentemente, o Facebook se revelou um sucesso, com mais de 3,5 milhões de novos usuários a cada semana (dados do fim de 2009), sendo uma porcentagem considerável de adolescentes.

É óbvio que a criação e o consumo de CGM estão se tornando parte da vida diária dos adolescentes do mundo atual. À medida que novos dispositivos digitais chegam ao mercado praticamente todos os dias (como é o caso do iPhone), os consumidores mais familiarizados com a tecnologia podem criar, compartilhar e distribuir seu próprio conteúdo, de maneira cada vez mais fácil. E essas inovações tecnológicas – celulares, palms, tocadores de música digitais – adotadas em massa pelos adolescentes são importantes recursos para um comportamento mais amplo de CGM. Portanto, se você quiser descobrir o que está sendo dito a respeito da sua empresa ou sua marca no mundo on-line, ouvir o que os adolescentes têm a dizer é um bom começo.

O tipo que eu classifico como Adolescente Tecnológico, em particular, é um colecionador voraz de informações, um disseminador de opiniões e alguém que se relaciona socialmente. Os Adolescentes Tecnológicos estão ligados a inúmeras plataformas. Eles podem dizer o nome de uns 10 blogs "que não podem deixar de ler", sendo que muitos deles estão na vanguarda das tendências atuais. Seu estilo de comunicação é conciso e simpático – marcado por siglas quase impossíveis de decifrar por qualquer pessoa que tenha nascido antes da era Reagan. Eles têm centenas de amigos no MySpace e no Facebook e suas páginas são repletas de conteúdo: fotos, listas de sites preferidos, vídeos e caixas de mensagens lotadas.

Além disso, os produtos de que mais gostam – CDs, filmes, eletrônicos – estão assinalados como favoritos em seus sites de redes sociais. Ao mesmo tempo, não hesitam em dizer que produtos consideram muito ruins. Quando o celular, a câmera ou o tocador de MP3 mais recente é lançado, os Adolescentes Tecnológicos são os primeiros tanto a usá-los como a massacrá-los ou elogiá-los no MySpace ou em seus blogs favoritos. "O fato de que os adolescentes estão em contato o tempo todo, a qualquer hora, é impressionante. Suas conversas nunca terminam e, sempre que uma nova informação entra em suas vidas – seja ela fofoca ou uma notícia verdadeira –, eles têm a capacidade de propagá-la para um grupo ainda mais amplo", afirma Lee Rainie, diretor fundador do Pew Internet & American Life Project.

Em maio de 2007, por exemplo, o Adolescente Tecnológico Bryan Martorana organizou um boicote à gasolina, por um dia, pedindo que seus amigos no Facebook entrassem na comunidade "Don't Pump Gas" ("Não Abasteça"), que ele havia criado. A campanha se alastrou pelo site como um vírus e, um dia antes do boicote, mais de 10 mil pessoas haviam visitado a página. O boicote de Martorana não alcançou exatamente o efeito desejado (apenas um dia sem abastecer o carro não economiza tanta gasolina assim), mas a atenção generalizada por parte dos meios de comunicação mostrou que um adolescente que defende uma causa e que possui um perfil no Facebook pode gerar bastante estardalhaço se desejar.

Mas os adolescentes não são os únicos que produzem mídia gerada pelo consumidor aos montes. Três outros tipos de consumidor desempenham um papel significativo. Eles são a Mãe ou Pai Antenado, o Fã de Engenhocas e o Lança-Chamas Radical.

A MÃE OU O PAI ANTENADO

A Mãe ou o Pai Antenado talvez não esteja tão familiarizado com a tecnologia quanto seus filhos adolescentes, mas, quando o assunto é mídia gerada pelo consumidor, exerce tanta influência quanto eles. As Mães Antenadas, que muitas vezes dividem seu tempo entre a carreira e os filhos, dispõem de pouco tempo livre e, portanto, não têm outra escolha senão se conectar e se comunicar da maneira mais eficaz possível.

Impelidas por um senso de comunidade e responsabilidade, elas param o que estiverem fazendo para manifestar suas opiniões a outros pais e consumidores ou relatar experiências com determinados produtos ou empresas – em particular aqueles que, como medicamentos para resfriado, fraldas ou serviços de transporte em vans, têm a ver com a saúde e a segurança de suas famílias. Elas podem emitir suas opiniões sobre um produto num blog ou num bate-papo virtual, partilhar fotos digitais ou até mesmo publicar ou ser citadas em uma newsletter on-line, ou no site de alguém. Fazem pesquisas na internet antes de comprar e têm uma tendência significativamente maior do que os consumidores comuns de não apenas fazer compras on-line como também publicar comentários detalhados a respeito de suas experiências.

Beth Theve é mãe de três filhos, mora em Ohio e é um exemplo clássico de Mãe Antenada. Líder do grupo de escoteiras do qual a filha participa, ela equilibra a atividade complicada de cuidar da casa com um trabalho de relacionamento comunitário em tempo parcial. Como membro do MySpace desde que o site foi criado e também uma entre os 10 milhões de assinantes do LiveJournal, Beth está intimamente ligada a uma comunidade ampla e ativa de consumidores on-line, principalmente mães. Nessas redes, ela faz contribuições frequentes por meio de opiniões e comentários sobre vários assuntos, desde seu boicote ao McDonald's até o último lançamento em DVD, passando pela qualidade do serviço dos restaurantes locais. Mães Antenadas como Beth têm bons contatos e falam o que pensam; suas opiniões estão em todos os lugares. Se você tem uma empresa, vende um produto ou oferece um serviço, é bom ser amigo delas.

O FÃ DE ENGENHOCAS

O Fã de Engenhocas foi o primeiro sujeito no bairro a ter uma conexão de banda larga. Ele deixa seu rastro digital por onde quer que passe. Se surge um novo brinquedo eletrônico ou uma inovação tecnológica, ele ou é o primeiro a comprar ou o primeiro a saber como usá-lo. Se morava em Nova York em junho de 2007, provavelmente ficou do lado de fora da loja da Apple durante horas, esperando pelo novo iPhone.

Lê diariamente dezenas de sites, fóruns on-line e blogs que o ajudam a se manter informado sobre as tendências mais importantes, e costuma ser o primeiro a publicar uma resenha acerca de um novo software ou uma nova parafernália. É orgulhoso, detalhista e muito comprometido com expor "a verdade" a respeito de uma empresa ou um produto. O Fã de Engenhocas sabe direitinho qual o poder e a influência dos vídeos on-line e é rápido no gatilho para filmar uma experiência ruim como consumidor, publicando-a imediatamente no YouTube. Ele sabe como expor seus conhecimentos para defender um argumento.

O consumidor com esse perfil também é alguém que se sente à vontade com os mecanismos de busca. Ele irá buscar, pesquisar e analisar cada tópico, desde saúde e assuntos médicos até eletrônicos, entretenimento, video games, produtos para animais de estimação, computadores, telecomunicações e muito mais. E, como é muito hábil com tecnologia, sabe como encontrar praticamente qualquer informação disponível e então acrescentar sua própria opinião.

Os Fãs de Engenhocas são cada vez mais cortejados pelos publicitários e profissionais de marketing, que apreciam a influência que eles exercem sobre o mercado. Mas esse "namoro" é uma faca de dois gumes, porque só é possível conquistar a fidelidade de pessoas com esse perfil se o seu produto de fato funciona e atende às expectativas. Quem ignora esse tipo de consumidor o faz por sua própria conta e risco.

Ted McConnell é um típico Fã de Engenhocas. Ele sabe quais são as novidades mais quentes e o que vai surgir daqui a pouco. Como diretor de inovação da Procter & Gamble, ou ele mesmo testa a maioria dos produtos ou lê dezenas de resenhas a respeito. Quando McConnell publica comentários sobre os produtos que aprecia ou sobre aqueles de que não gosta, seus pareceres são objetivos, detalhados e refletem seu domínio sobre o assunto. E, de fato, muito da troca entre Ted e sua rede de contatos está relacionado a seu conhecimento especializado no campo das inovações tecnológicas.

O LANÇA-CHAMAS RADICAL

Existe também o Lança-Chamas Radical. Talvez o mais ruidoso de todos os tipos que influenciam a CGM, esse tipo de consumidor altamente engajado não tem necessariamente todo o conhecimento especializado do Fã de Engenhocas, mas ele sem dúvida entende melhor do que ninguém quanto a tecnologia pode ser explorada para disseminar informações e se fazer ouvir.

O Lança-Chamas Radical compreende que unir num tópico em comum consumidores que pensam de maneira parecida pode amplificar a mensagem e aumentar consideravelmente as chances de ela ser percebida. Por exemplo, um consumidor com esse perfil pode editar o vídeo em que o presidente de determinada organização discursa sobre responsabilidade ambiental, acrescentando cenas desagradáveis de abusos contra o meio ambiente cometidos pela empresa que tal executivo dirige, e depois disponibilizá-lo no YouTube. O Lança-Chamas Radical pode gravar uma ligação para um call center, durante a qual recebeu um péssimo atendimento, editá-la e publicá-la na web, para vergonha e desgraça da companhia envolvida.

Vincent Ferrari, o sujeito que gravou sua irritante conversa com um funcionário do serviço de atendimento ao consumidor da AOL e depois a espalhou pela internet, é um exemplo clássico de Lança-Chamas Radical. O mesmo pode ser dito de Ben Popken, editor do Consumerist.com. Descaradamente pró-consumidor (seu slogan é "Shoppers bite back", que significa "Os consumidores revidam"), o site publica cartas, reclamações, fotos e vídeos contendo críticas a empresas por diversas falhas. E, graças aos comentários e relatos impiedosos de Popken (e outros), esse blog não apenas tem uma grande audiência online como também exerce uma incrível influência na mídia tradicional; ele recebe dezenas de milhares de acessos por dia, e repórteres de todo o país constantemente o consultam para complementar suas próprias matérias ou pesquisar dados.

Como Popken, os Lança-Chamas Radicais sabem como criar mensagens virais que são difíceis de eliminar e que têm repercussão – e eles sabem como tirar vantagem do megafone que é a internet. Em termos gerais, a atitude de ignorá-los é bem perigosa.

Os consumidores e o ciclo de compras

Os criadores de CGM exercem sua influência de diferentes maneiras, dependendo da fase em que se encontram, seja ela a de pré-compra, a de compra ou a de pós-compra. Antes de uma compra, os consumidores talvez tenham uma longa lista de perguntas gerais a fazer a outros a respeito de um produto, mas, como ainda não o adquiriram, raramente expressam um profundo conhecimento em suas mensagens on-line. Os consumidores que de fato compraram e usaram os produtos obviamente podem oferecer à CGM experiências mais relevantes e maior autoridade. Ao avaliar a mensagem, é preciso compreender em que estágio do ciclo de compras o consumidor está. Os seis tipos de consumidores de que falaremos a seguir – os pré-compradores, os embaixadores das marcas, os destruidores de marcas, os coletores de informações, os sem rumo e aproveitadores, e os impostores e megafalsos – representam os estágios do ciclo.

Os pré-compradores ainda estão no modo "pré-decisão" e utilizam mecanismos de busca e canais de CGM para descobrir informações a respeito dos produtos antes de comprá-los. As resenhas on-line – seja na forma de comentários por escrito, fotos ou depoimentos em vídeo – exercem grande influência sobre eles.

Os embaixadores das marcas são os clientes satisfeitos que partilham, por meio da mídia que geram, seu entusiasmo e seu conhecimento a respeito de um produto ou uma empresa com os outros consumidores. Eles costumam publicar comentários em blogs sobre os produtos e escrever resenhas em sites como a Amazon. Podem exercer um impacto significativo sobre o comportamento de compra de outros consumidores. Os usuários da Apple, por exemplo, costumam ser embaixadores da marca. Usam e adoram os produtos da Apple, e isso transparece bastante na mídia que geram on-line. E a fidelidade que têm à marca costuma ser levada em conta pelos pré-compradores.

Os destruidores de marca também têm uma experiência relevante com uma empresa, mas ficam insatisfeitos a ponto de sentirem o ímpeto, às vezes até a sensação de dever ético, de alertar outros consumidores. Eles costumam fazer bastante alarde, e sua influência vem aumentando, à medida que surgem melhores ferramentas de comunicação. Os comentários dos destruidores podem trazer danos incalculáveis a uma companhia ou marca. Funcionários insatisfeitos ou ex-funcionários também se encaixam nessa categoria, e seus comentários são até mais danosos, porque os consumidores tendem a confiar no que os funcionários dizem a respeito das empresas para as quais trabalham ou trabalharam.

Os coletores de informações podem ou não ter tido experiências relevantes com os produtos, mas desempenham um papel cada vez mais importante no mercado, principalmente com o incrível aumento da quantidade de blogs. Ao agregar num único blog certo número de blogs sobre jogos, por exemplo, o site do coletor de informações pode se tornar de fato uma parada obrigatória para os pré-compradores de video games. Portanto, o poder do coletor está na CGM que ele escolhe coletar. Nesse exemplo, se o coletor prefere não incluir resenhas positivas a respeito do jogo Grand Theft Auto IV, os pré-compradores que acessam o site podem supor que existem apenas pareceres negativos e acabar não adquirindo.

Os sem rumo e aproveitadores não têm intenção de comprar produtos, mas mesmo assim gostam de falar sobre eles. Seus comentários podem ter algum impacto no comportamento de compra dos outros, mas são bem menos influentes do que os feitos por pessoas que tiveram uma experiência direta com uma empresa ou um produto. Vários consumidores usam sites de comparação, como Shopzilla, PriceGrabber e FatWallet, para pesquisar preços e ofertas. Talvez façam isso para se informar a respeito de itens que desejam adquirir ou para satisfazer sua necessidade de "olhar sem comprar". Assim como os consumidores que passam o dia inteiro no shopping sem gastar um tostão, os sem rumo olham, porém não compram. Independentemente da intenção, um site repleto de sem rumo não é o melhor lugar para anunciar uma mensagem da marca.

Os impostores e megafalsos são essencialmente "embusteiros" que as empresas ou os profissionais de marketing pagam para espalhar comentários a respeito de uma marca específica. Eles às vezes têm sucesso ao moldar a opinião do consumidor ou ao criar burburinho ao redor de um produto ou companhia. Mas essa prática pode ser um tiro no próprio pé. Se descobrirem que um consumidor é, na verdade, pago por uma empresa, a confiança e a credibilidade vão por água abaixo, tanto no caso do impostor quanto no da empresa.

Vale mencionar alguns exemplos de impostores a fim de ressaltar a verdadeira ameaça que eles representam para a credibilidade de uma empresa. Há alguns anos, uma das agências interativas da Sony, a Zipatoni, criou um blog que supostamente era de autoria de um menino chamado Charlie, que tentava convencer os pais de seu amigo Jeremy a comprar para o garoto um Playstation no Natal. Mas quando os consumidores, curiosos, descobriram que uma empresa de marketing contratada pela Sony era a proprietária do domínio utilizado pelo blog, a Sony foi forçada a retirá-lo do ar em meio a uma tempestade de insultos. Embora as vendas do Playstation não tenham sofrido nenhuma queda significativa que possa ser atribuída a essa situação, o incidente fez surgir muitas dúvidas a respeito da credibilidade da companhia. O episódio também levantou questões importantes a respeito do dano que as agências de publicidade podem causar – muitas vezes sem querer – à credibilidade de uma empresa.

Em 2005, o McDonald's se viu no tênue limite entre uma jogada de relações públicas muito esperta e uma ação de marketing enganosa quando os espectadores do Super Bowl viram nos telões anúncios mostrando uma batata frita que supostamente tinha os traços do ex-presidente Abraham Lincoln. O McDonald's então criou um site contendo um blog, feito pela pessoa que supostamente tinha achado a batata frita semelhante a Lincoln. Tudo foi feito de maneira transparente, exceto o fato de que a pessoa não era real – ela fora inventada pelos marqueteiros numa tentativa de aumentar os acessos ao site promocional. Pode-se dizer que, se um comercial sobre uma "batata frita com os traços de Lincoln" atrai alguém a acessar um site, tal pessoa já não tem muito os pés no chão – mas mesmo assim o McDonald's chegou a ponto de fabricar uma história, criar um personagem falso e publicar comentários irreais num blog inventado. Muitos consumidores ficaram revoltados, e com razão. Não dá para imaginar Abraham Lincoln, famoso por sua honestidade, promovendo essa trapaça!

A PASSAGEM DO PODER DAS EMPRESAS para as mãos dos consumidores foi em grande parte impulsionada pela fúria com que estes agora fazem pesquisas sobre as marcas. Hoje em dia, o termo *pesquisa de mercado* virou de ponta-cabeça; os consumidores também pesquisam os profissionais de marketing e as companhias. Os consumidores verificam cada mensagem, cada posicionamento da empresa. E, de fato, como sempre diz A. G. Lafley, da Procter & Gamble: "O consumidor é quem manda."

Agora você já sabe identificar os principais tipos de consumidores que influenciam a CGM. No entanto, não é possível avaliar o impacto dela na sua empresa se não sabe como interpretá-la e medi-la. Você precisa descobrir não apenas quem está falando, mas o que essa pessoa está dizendo e por quê. Se deseja ter credibilidade, precisa de um sistema para coletar, medir e responder à mídia gerada pelo consumidor em cada área de atuação. No próximo capítulo, falarei sobre como isso é possível.

Capítulo 3

Avaliação da mídia gerada pelo consumidor

Antes da internet, a propaganda boca a boca era, invariavelmente, local, incidental e efêmera. Um consumidor insatisfeito talvez pudesse convencer os membros de seu círculo imediato a parar de comprar no Wal-Mart, ou a adquirir veículos híbridos, mas qualquer opinião, boato ou experiência costumava se dissipar rapidamente. Já o boca a boca on-line, por outro lado, é bem mais persistente. Graças à natureza dos arquivos na internet, a mídia gerada pelo consumidor deixa um rastro digital duradouro, dando passe livre para milhões de consumidores que se comunicam em tempo real.

A boa notícia é que essas conversas podem ser monitoradas, acompanhadas, rastreadas e avaliadas de maneiras que permitem às empresas se conectar aos consumidores e saber de fato o que eles pensam – antes que seja tarde demais. Este capítulo irá mostrar como fazer isso.

Ferramentas para avaliar a mídia gerada pelo consumidor

Quer você contrate uma grande firma, como a Nielsen Online, a Cymfony/TNS, a Umbria ou a BuzzLogic, quer utilize qualquer uma das inúmeras ferramentas gratuitas disponíveis on-line, passará a explorar a web constantemente para entender o que a mídia gerada pelo consumidor diz a respeito da sua marca. Sem acesso a modelos adequados de avaliação, os empresários, executivos, gerentes ou qualquer pessoa interessada na companhia e em seus produtos ficam num vácuo de informações.

Felizmente, o modo como a blogosfera se organiza permite que as empresas decodifiquem o conteúdo de maneira bem fácil. A estrutura de links, as citações em blogs e os *trackbacks* (os alertas que os blogueiros recebem quando alguém cria um link para seus comentários) oferecem um panorama completo. Mesmo os sites de vídeo fornecem uma variedade de excelentes medidores gratuitos. É tão fácil rastrear a mídia gerada pelo consumidor que não há desculpas para não saber o que ele está dizendo a respeito de sua empresa.

Então, como exatamente você pode quantificar e medir a CGM? Uma das maneiras é utilizando dispositivos que vasculham o conteúdo, examinam minuciosamente a internet e pesquisam a fundo temas, contextos, reclamações, ações e reações relacionados a determinada empresa ou marca. Assim como as ferramentas de busca, os mecanismos de mineração de conteúdo, além de esquadrinhar todos os tópicos e documentos disponíveis on-line, também os indexam e categorizam, classificando, organizando e apresentando os resultados de maneira impecável. Além de medir o volume total do burburinho gerado, as ferramentas de mineração de conteúdo podem identificar frases, palavras e conceitos essenciais; analisar links; detectar a natureza e a força da honestidade num texto; e identificar e analisar mensagens relevantes de diversas fontes.

Claro que nem todas as empresas podem pagar por ferramentas analíticas completas, como as que utilizamos na Nielsen Online. Felizmente, existem excelentes instrumentos gratuitos disponíveis para ajudar as organizações a rastrear e medir a comunicação entre os consumidores a respeito de praticamente qualquer assunto – campanhas específicas de marketing e de publicidade, lançamentos de produtos, notícias e flutuações de mercado. Tais ferramentas e serviços estão ficando cada vez melhores em agregar fontes multimídia e fornecer uma imagem mais completa e com mais nuances da conversa entre os consumidores. E, como vimos, ouvir o que o consumidor tem a dizer e reagir ao que é dito é o que dá credibilidade à empresa.

COMO COMEÇAR

Sempre incentivo os clientes a criarem um blog como uma maneira de aprender a rastrear quem são seus leitores e quem assina seus feeds (ou seja, recebe as atualizações de seu conteúdo), a mapear *trackbacks*, indexar mecanismos de busca de blogs e muito mais. Para criar um blog pessoal, sugiro começar com alguma ferramenta de publicação bem básica e fácil de usar, como TypePad, WordPress ou Blogger. A maioria delas é gratuita ou custa muito pouco. Minha conta do TypePad, por exemplo, oferece todas as funções de que preciso para escrever quantos blogs eu quiser por US$ 15 mensais.

Também estimulo os novatos a montar um "leitor" simples de atualizações de blogs por meio do Google ou do Yahoo!. Ou assinar algum dos serviços mais sofisticados de agregação de conteúdo, como o Bloglines. Eles automaticamente agregam a seu blog o conteúdo mais atualizado (os feeds) de todos os blogs dos quais você é assinante – além de enviar o conteúdo a seu e-mail. As listas de atualizações facilitam a tarefa de peneirar uma infinidade de conteúdos relevantes, reunindo um excelente material que pode servir de fonte para você escrever em seu próprio blog.

Você também pode usar o seu blog para gerar buscas indexadas, ou seja, buscas básicas por palavras. Ao fazer uma busca por "McDonald's", ou "McDonald's e gordura trans", por exemplo, você encontraria todos os comentários relevantes nos blogs em que haja ocorrência desses termos. Essa é uma maneira bastante acessível e direta de obter uma avaliação rápida de um assunto relacionado à sua empresa ou marca.

Apresento a seguir uma lista de oito ferramentas gratuitas para realizar buscas indexadas, além de dicas sobre como usá-las.

Busca de blogs do Technorati: ferramenta de busca gratuita de conteúdo em blogs. No site Technorati.com, se você digitar o nome da sua empresa no campo de busca, irá obter comentários feitos há pouquíssimos instantes a respeito dela em mais de 80 milhões de blogs. Ele permite que você configure alertas para ser informado sempre que alguém escrever sobre a sua empresa, examine as listas dos "mais populares" em diversas categorias e faça rapidamente uma compilação das buscas mais frequentes em toda a blogosfera. São informações de valor inestimável, já que as buscas principais representam um indício daquilo que está na cabeça dos consumidores. Se uma reportagem importante a respeito de um assunto relevante para a sua organização ou seu setor está fazendo sucesso, a quantidade de buscas relacionadas a essa reportagem reflete o interesse que os consumidores têm pelo assunto.

O Technorati também organiza a blogosfera por meio de *tags*, palavras-chave ou frases que indexam o conteúdo do blog. As *tags* funcionam mais ou menos como verbetes no índice remissivo de um livro, ajudando o leitor a localizar com exatidão onde deve buscar uma informação específica. As *tags* também atuam como links para outros sites com as mesmas *tags* – como um recurso de referência cruzada. Ao indexar de maneira eficaz o conteúdo de um blog, as *tags* tornam fácil para os outros consumidores a tarefa de encontrar o conteúdo desejado. O blogueiro determina as *tags*, mas muitos mecanismos de busca de blogs têm listas prontas que eles podem passar a utilizar. Por exemplo, para o meu blog pessoal, no qual escrevo sobre meus filhos gêmeos, posso definir *tags* no meu conteúdo, como "cuidados com os filhos", "gêmeos" ou "acordar às 4 da manhã".

No Technorati, também é possível requisitar e-mails automáticos com links para comentários do seu blog contendo determinadas palavras-chave. Você pode configurar alertas para rastrear quem faz referências a você, à sua empresa ou aos seus concorrentes. Um porém: se criar alertas demais, logo vai perceber que não consegue lidar com tanta informação. A maioria das organizações, por exemplo, recebe centenas de referências feitas em blogs todos os dias, embora não tenha tempo de ler a maior parte. Uma vantagem dos serviços pagos de monitoramento é que eles enviam alertas só quando o volume de assunto atinge um nível significativo. Dessa maneira, não é preciso ler todos os comentários – mas, se de repente determinado assunto passar a ser muito debatido, você saberá imediatamente.

Nielsen BlogPulse: A Nielsen também oferece uma ferramenta analítica de blogs e de busca conhecida como BlogPulse, que faz buscas rápidas e fáceis em mais de 75 milhões de blogs. Com um recurso denominado Trend Charts, os usuários podem criar seus próprios gráficos, que representam o que está sendo dito a respeito de termos específicos de busca (assuntos, pessoas, empresas, marcas, esportes, etc.) com até três parâmetros de tempo (um, dois ou seis meses). Esses gráficos possibilitam uma interpretação rápida da direção em que os tópicos parecem estar seguindo e podem indicar picos de atividade nas conversas, em qualquer quantidade de assuntos – um novo comercial, o lançamento de um produto, um anúncio, um evento ou (espera-se que não) más notícias, como um escândalo corporativo ou o recall de um produto.

Google BlogSearch: O Google BlogSearch não inclui tantos recursos sofisticados como o Technorati, mas cumpre o seu papel. Ele faz uma busca em todos os blogs que publicam feeds (em RSS ou Atom) desde junho de 2005. O Google permite que você faça pesquisas facilmente por meio de tópicos, intervalo entre datas ou outros critérios. Também é possível configurar alertas a respeito de praticamente qualquer tópico ou assunto que possa surgir na blogosfera. Se o nome da sua empresa aparecer em diversos blogs em determinado dia, o Google pode coletar todos os comentários relevantes e enviá-los num único e-mail.

IceRocket: O IceRocket faz buscas não apenas em blogs, mas também em páginas do MySpace, fontes de notícias, imagens e, mais recentemente, em vídeos. Assim como o BlogPulse, ele dispõe de gráficos de tendências que permitem aos usuários obter a representação de duas variáveis com uma curva de assunto comum. Se você digitar "Pepsi" ou "Coca", por exemplo, verá um gráfico que mostra a quantidade de vezes em que essas marcas foram mencionadas em determinado período. O IceRocket também classifica os comentários e tópicos mais populares dos blogs.

Busca de vídeo do YouTube e do Google: Com a popularidade cada vez maior dos vídeos on-line, monitorar conteúdo nesse formato se torna cada vez mais importante. Sites como GoogleVideo e YouTube permitem que você faça buscas em suas gigantescas bases de dados para achar alguma menção a sua empresa ou seu produto. Por exemplo, se você digitar "Burger King" no YouTube, encontrará 4.600 resultados. O primeiro vídeo que apareceu, da última vez que pesquisei, foi o "Burger King Outsources" ("Terceirização do Burger King"), mostrando como a cadeia de restaurantes terceiriza o recebimento dos pedidos a call centers remotos. No YouTube, assim que você encontra os vídeos relevantes, pode ver a quantidade de vezes em que foram acessados e ler os comentários, ver as respostas em vídeo e as diversas avaliações relacionadas. Os usuários podem organizar a pesquisa de vídeos por "relevância", "quantidade de acessos" ou data em que foram disponibilizados.

Flickr e busca de fotos: Da mesma forma, você pode obter informações valiosas ao fazer buscas na base de dados dos milhões de fotos publicadas em grandes sites de compartilhamento de imagens, como o Flickr. Esses serviços permitem que os usuários acrescentem *tags* às fotos, o que auxilia a busca e a descoberta. Por exemplo, numa apresentação na Câmara de Comércio de Cincinnati, demonstrei como, ao simplesmente digitar "Cincinnati" ou "pontos turísticos", a Câmara poderia ter uma boa ideia de que locais da cidade eram mais fotografados – e provavelmente mais visitados – pelos turistas.

Busca de avaliações e resenhas: Bem antes da disseminação dos blogs, dos vídeos on-line e do MySpace, os sites de avaliações e resenhas já tinham impacto sobre o comportamento de compra do consumidor – e ainda têm. Você pode realizar facilmente uma busca nos grandes sites de resenhas, como Epinions.com ou CNET, para ler os comentários sobre sua empresa, seu produto ou sua marca. Eles fornecem um feedback bastante confiável porque são escritos por consumidores que de fato utilizaram o produto.

Assim como tudo na internet, as resenhas escritas por usuários devem ser encaradas com certo ceticismo. Algumas pessoas têm propósitos obscuros e a internet proporcionou a elas uma plataforma muito mais ampla – e com frequência anônima – para propagar suas ideias. Se uma pessoa escreve que o serviço de telefonia celular de determinada companhia não é estável e deixa as ligações caírem com regularidade, isso deve ser levado em consideração. Se 50 pessoas fizerem a mesma reclamação, isso deveria alertar a empresa e fazê-la melhorar o sinal de sua rede.

Sites comunitários de notícias: Sites desse tipo, como Digg, Reddit, Fark e del.icio.us, permitem aos usuários selecionar, compartilhar, incluir marcadores em páginas e discutir todas as notícias, os vídeos e podcasts que considerarem relevantes. Eles servem como uma excelente forma de análise de mídia gerada pelo consumidor porque são como uma janela para os assuntos populares e os mais comentados. Já que se baseiam nas preferências totais dos usuários ou na "sabedoria das massas", eles são de alta relevância para as empresas. Tópicos relacionados a marcas que rapidamente ficam em evidência no Digg são um sinal típico de boas-novas ou de um terrível problema. Uma tática esperta para os administradores e empresários que desejam estar sempre bem informados é investigar, periodicamente, o que tem sido dito sobre suas companhias nesses sites.

O QUE VOCÊ PODE MEDIR, EXATAMENTE?

A quantidade de informações mensuráveis na web é quase ilimitada, mas nem tudo o que é mensurável tem valor. As empresas precisam se concentrar na mídia gerada pelo consumidor que responde às perguntas mais relevantes e que serve de base para as melhores decisões em todos os aspectos da organização. A seguir, apresento uma lista dos principais indicadores de CGM e o que eles poderão informar a você. Alguns estão disponíveis por meio de ferramentas gratuitas, mas a maioria (se não todos) é oferecida por serviços premium de monitoramento.

Indicador	O que ele informa
Volume	Quantos comentários existem a respeito da sua empresa?
Alcance	Qual a profundidade da exposição? Qual o grau de exposição dos comentários para outras pessoas?
Assunto	Que assuntos específicos estão sendo discutidos?
Opinião	Até que ponto as mensagens são favoráveis ou desfavoráveis?
Emoção	O que os consumidores acham da sua empresa?
Propagação	Qual o nível de virulência do assunto ou dos comentários?
Fonte	Onde os comentários estão sendo publicados?
Autor	Quem é a fonte? Seus comentários são confiáveis?

Mais uma dica a respeito dos serviços gratuitos e que também vale para o Google: todos estão ficando cada vez melhores na tarefa de agregar as fontes multimídia. O Technorati e o Google, por exemplo, têm ótimo desempenho ao reunir todo o conteúdo relevante sobre o autor que lhe fala, Pete Blackshaw. Se você digitar o meu nome, verá os comentários do meu blog, meu nível de "confiabilidade", meus vídeos, minhas fotos e muito mais. Alguns podem argumentar que isso é "informação em excesso", mas assim é o mundo em que vivemos.

1. Volume e alcance: quanto se fala de determinada marca?

Para determinar o *volume* de conversas a respeito de uma marca, você pode usar os recursos dos gráficos de tendências de serviços como o BlogPulse. Essas ferramentas fazem uma varredura ampla em blogs, por termos de busca únicos ou múltiplos, e criam gráficos para visualização do volume de burburinho gerado em comparação com o tempo. O BlogPulse também pode ser utilizado para comparar o volume de burburinho da sua empresa com o dos seus principais concorrentes, como visto no gráfico da página 76. Compreender o volume total é uma boa maneira de começar a análise da mídia gerada pelo consumidor – os gerentes, os diretores-gerais e os de marketing costumam ficar maravilhados com a simples quantidade de comentários que podem surgir nas buscas sobre suas marcas.

Firmas de monitoração podem vasculhar todos os meios de CGM – blogs, fóruns, sites de avaliação/cotação e resenhas, de compartilhamento de vídeos e fotos e muito mais – e medir o volume de burburinho em torno de palavras ou tópicos-chave. Tais empresas também podem combinar essas informações com outros dados relevantes, como volume de vendas, gastos com mídia ou feedback interno, e até mesmo aliá-las à experiência direta de analistas ou executivos de contas. Em outras palavras, esse tipo de firma pode combinar a CGM com outras pesquisas no intuito de obter um panorama mais holístico do que está acontecendo.

Por exemplo, digamos que você trabalha no McDonald's e deseja saber se a promoção do novo programa "alimentação, nutrição e bem-estar" está tendo o efeito esperado. Você pode pesquisar conversas a respeito da empresa e depois categorizar os resultados em tópicos como gordura trans, novas opções de menu, podômetros de brinde, etc. Essas buscas podem ser renovadas diariamente (em alguns casos, de hora em hora), oferecendo aos executivos uma noção da flutuação do burburinho criado. Em teoria, as companhias poderiam fazer isso sozinhas, mas a automedição exige conhecimento de análise de tendências, bem como uma compreensão de códigos da web que muita gente não tem. Além disso, a automedição exige muito tempo e observação, porque com ela acaba se obtendo uma enorme quantidade de informação sem que se saiba como interpretá-la. Então, a não ser que a sua empresa entenda o suficiente dos mecanismos da web para de fato avaliar com precisão e eficiência todas as informações disponíveis, e possa pagar por todo o investimento para verificar, filtrar e interpretar os resultados, talvez seja melhor contratar uma firma para lidar com os níveis mais complexos de análise da mídia gerada pelo consumidor.

Também é possível medir o grau de aumento do volume. Ele pode aumentar como resultado de uma ação de marketing, do lançamento de um novo produto sobre o qual as pessoas comentam, ou de algum boato desagradável sobre a sua empresa.

Vejamos, por exemplo, a Apple. O volume de burburinho sobre ela aumentou consideravelmente quando se espalhou a notícia de que ela lançaria o revolucionário iPhone. O mesmo ocorreu com a Nintendo: o volume de menções à companhia aumentou durante a época em que o novo video game Wii foi lançado.

O alcance é um indicador tão crucial para a CGM quanto para a mídia tradicional. Simplificando: quanto maior o alcance, maior o impacto. É mais difícil calcular o alcance do que o volu-

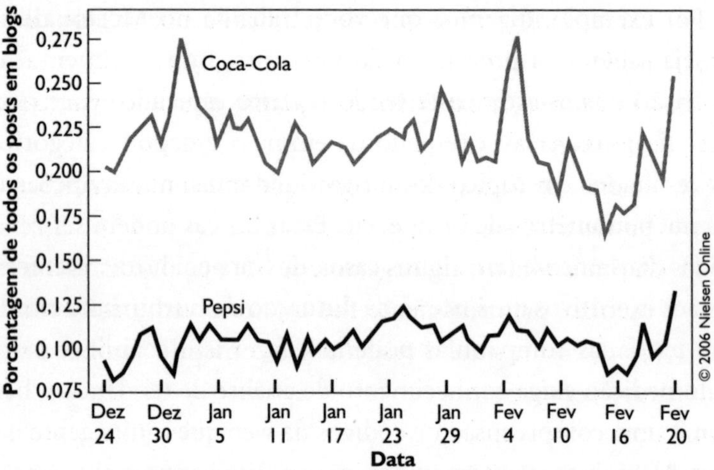

Este é um gráfico que mostra a mídia gerada pelo consumidor segundo o critério de volume total na blogosfera. De 40 milhões de blogs, 0,1% faz referência à Pepsi, em comparação com 0,2% que menciona a Coca-Cola. E isso seria importante? À primeira vista, talvez não pareça, mas, se você fizer as contas, verá que esse décimo percentual extra equivale a 40 mil comentários a mais sobre a Coca-Cola. Em outras palavras, mesmo uma fração percentual do volume de burburinho criado pode ter um impacto enorme.

me, porque é preciso considerar não apenas a quantidade de leitores, mas também o poder e a influência que eles exercem. Um blog, por exemplo, pode ter uma baixa audiência, mas, se seus principais leitores forem pessoas influentes – digamos, repórteres e políticos –, ele terá um alcance considerável.

Os tipos de consumidores que influenciam a CGM, como discutimos no Capítulo 2, por exemplo, estão mais propensos a ter um alcance maior do que as pessoas comuns. No entanto, existem outros fatores. O alcance da influência da mídia gerada pelo consumidor pode ser medido por meio de diversas variáveis, entre elas:

- O tamanho da rede social
- A quantidade de consumidores que sistematicamente acessam o conteúdo criado por determinado consumidor

- Os feeds RSS do conteúdo publicado por aquele consumidor
- O histórico, a experiência e quanto aquele consumidor é confiável
- O grau de acesso desse consumidor à mídia tradicional e outras fontes
- A profundidade do engajamento de outros formadores de opinião, principalmente dos que escrevem para os meios de comunicação, a respeito do conteúdo publicado por aquela pessoa
- Quem de fato lê
- Citações feitas por outras fontes da mídia
- Sincronia: os consumidores que primeiro vicenciam determinada experiência passam a ter mais influência naquela situação.

O Google News pode ajudar a descobrir o alcance do comentário de um blog, mostrando se ele chegou aos grandes veículos da mídia tradicional. Até mesmo a medição do impacto que um comentário pode ter na cobertura televisiva está ficando mais fácil; uma porcentagem cada vez maior do conteúdo exibido na TV, principalmente a cobertura dos noticiários, é reindexada pelo Google.

Você pode calcular o alcance do burburinho a respeito da sua companhia usando outra ferramenta gratuita do BlogPulse chamada Conversation Tracker (Rastreador de Comentários). Ela registra o alcance de qualquer conversa na web – quando se faz uma busca por comentários em blogs, links/URLs, ou termos de busca/palavras-chave.

Para muitas empresas, o alcance precisa ser recalculado constantemente, seja por meio da tecnologia ou simplesmente reexaminando a posição dos principais resultados de busca no Google. O "rastro digital" da CGM é revelado em perfeita sintonia com as buscas. O alcance do recall de ração animal de 2007, por exemplo, continua a se ampliar, porque, quando os internautas buscam artigos ou comentários em blogs sobre esse tópico, todos os sites contendo opiniões negativas dos consumidores a respeito das rações animais com problemas são reintroduzidos nos resultados de busca. No passado, até mesmo um grande recall acabaria desaparecendo do ciclo de notícias e eventualmente cairia no esquecimento. Agora, ao alcance de algumas teclas, ele pode ser ressuscitado em toda a sua glória – uma cortesia do Google e de outros grandes mecanismos de busca.

2. Assunto: de que os consumidores estão falando? E por quê?

Você pode utilizar a ferramenta de busca indexada do Technorati, a do Google BlogSearch, a do BlogPulse ou qualquer outra que descrevi para descobrir quanto burburinho existe a respeito de assuntos específicos sobre a sua empresa ou seu produto. Também pode acessar sites como Digg, del.icio.us e The Humm para verificar exatamente que tipos de conversas surgem sobre cada tópico. Isso é bastante útil, já que determinar com precisão quais são os assuntos de que falam os consumidores pode lançar luz sobre quais são as áreas de negócios em que você deve se concentrar.

Se a Toyota, por exemplo, fica sabendo que 20% dos comentários a respeito de seus veículos têm a ver com a quilometragem por litro, 10% se referem ao estilo dos carros e 5% tratam especificamente da recente campanha publicitária do Tundra, a empresa poderia deduzir que os consumidores se importam mais com o rendimento por litro do que com o design do produto ou com os novos e pomposos comerciais. Ou, como demonstra o gráfico ao lado, se uma empresa de parques temáticos descobre que há mais burburinho a respeito do número excessivo de pessoas do que a respeito das atrações, ela pode supor que os visitantes se importam mais com o fato de ter que aguardar em filas longas do que dar uma volta na mais nova montanha-russa do parque. Esse tipo de informação ajuda as companhias a direcionar seus recursos para aquilo a que os consumidores mais dão importância.

Decompor os dados por assunto também pode ajudar a diagnosticar os problemas, o que por sua vez ajuda na tomada de decisões. Se a Sprint, por exemplo, descobre que 30% dos posts em blogs sobre a empresa são reclamações a respeito das práticas de cobrança, esse é um claro indicador de que ela deve prestar bastante atenção a seu sistema de cobrança. Constatar um problema desse tipo é muito importante, porque ele costuma mexer com as emoções dos consumidores e, por consequência, com a propaganda boca a boca.

Na verdade, no PlanetFeedback descobrimos que as práticas de cobrança eram o mais viral de todos os tópicos em todas as grandes empresas de telefonia celular. Ao se confrontar com um erro de cobrança, os consumidores demonstravam grande propensão a publicar on-line suas cartas de reclamação e mandar

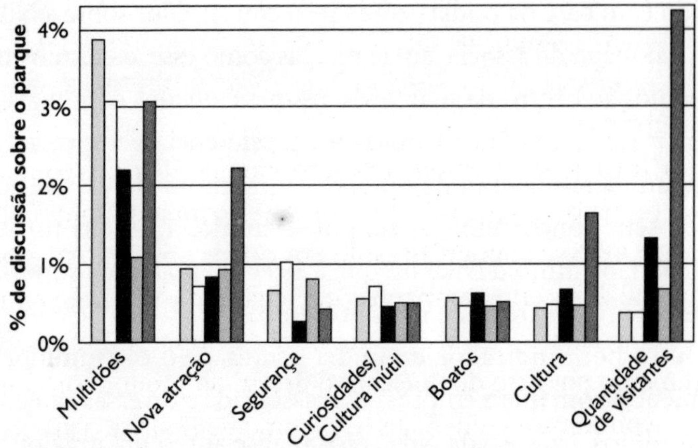

Este gráfico mostra como a mídia gerada pelo consumidor se divide em relação ao assunto referente a segmentos específicos da audiência.

cópias para seus contatos virtuais. Então, se uma empresa de telefonia celular sabe que práticas de cobrança deficientes estão criando a maior parte do falatório em torno da empresa e que o burburinho a respeito da cobrança tem grandes chances de se espalhar, seria recomendável que ela fizesse um esforço extra para melhorá-las.

Uma empresa também pode aprender muito ao mapear palavras ou frases comumente associadas a seus produtos ou marcas por meio da exploração avançada de texto ou da mineração de conteúdo. Esse processo utiliza algoritmos para identificar frases ou palavras-chave, detectar a natureza e a força da opinião num texto, classificar e categorizar dados e extrair fatos específicos de uma variedade de fontes on-line. Parte da análise pode ser feita gratuitamente num nível mais superficial, mas, se você deseja algo mais específico, talvez seja melhor utilizar um filtro mais sofisticado. A maioria das empresas mais qualificadas de mineração de textos investiu muito no desenvolvimento de algoritmos avançados para categorizar certos tipos de conteúdo, reduzir a redundância ou até mesmo, em alguns casos, filtrar spam.

A seguir, apresento um fascinante mapa de associação de marcas obtido com base na mídia gerada pelo consumidor sobre a Nike.

Num mapa de associação de marcas como esse, os termos mais próximos ao centro da marca são os mencionados com mais frequência e com maior proximidade em referência à empresa. Uma companhia também pode observar a proximidade de seu nome ao de seus concorrentes – se, por exemplo, a Adidas for mais mencionada junto à Nike do que a Reebok, podemos supor que aquela é um concorrente mais próximo.

Outro bom indicador de mídia gerada pelo consumidor é a frequência com que a empresa está associada a diversas categorias de produtos. No caso da Nike, essa análise apresenta uma nuance fascinante e sutil: por que, por exemplo, os consumidores parecem comentar mais sobre ela no contexto das meias do que no

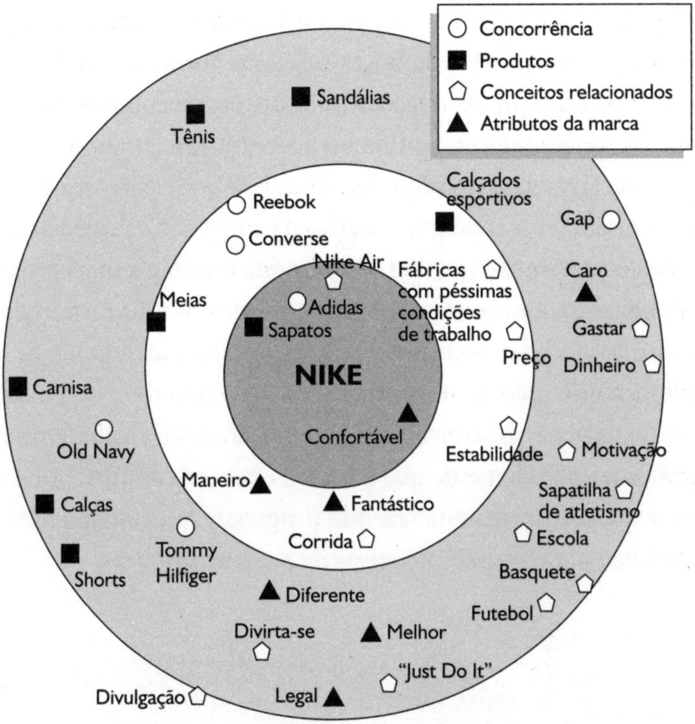

Mapa de associação de marcas da Nike, feito pela Nielsen Online.

de tênis? Uma análise mais profunda do histórico da CGM pode levar a uma melhor compreensão da estratégia da empresa.

Também é útil descobrir quais frases ou palavras-chave são mais frequentemente associadas à companhia. Os gerentes da Nike têm motivos para se alegrar, já que os adjetivos *maneiro*, *confortável*, *incrível* e *diferente* costumam ser associados à sua marca. Mas também poderiam prestar mais atenção ao fato de que a palavra *melhor* é mencionada com menos frequência – isso sugere que eles poderiam tentar convencer os consumidores de que seus produtos são superiores aos da concorrência.

O que faz os executivos da Nike perderem o sono é que o conceito de fábricas com péssimas condições de trabalho circula bem perto do centro. O fato de que essa informação aparece sistematicamente nos resultados de busca relacionados à Nike indica que, apesar dos esforços de relações públicas empreendidos pela empresa, os consumidores continuam a associá-la a condições de trabalho precárias para seus funcionários. Isso pode parecer negativo, mas também pode refletir a tentativa da empresa de resolver o problema. Recentemente, a Nike adotou uma estratégia mais proativa de publicar dados essenciais relativos a todos os seus fornecedores no intuito de lidar com a percepção negativa a respeito de sua exploração de mão de obra barata, então o fato de a organização estar associada a esse conceito de exploração dos trabalhadores não significa necessariamente que a marca esteja em apuros; pode significar que a empresa está fazendo progresso ao chamar a atenção do público para as suas iniciativas de relações públicas.

3. Opinião: os comentários sobre a minha empresa são favoráveis?

Tais ambiguidades são um dos motivos por que a análise da mídia gerada pelo consumidor deveria medir a opinião – se os consumidores veem a empresa, ou as questões relacionadas a ela, de maneira positiva ou negativa.

Uma forte associação da marca com questões ambientais, ou até mesmo com o termo *verde*, por exemplo, pode gerar efeitos tanto benéficos como prejudiciais. No caso da Toyota, o termo *verde* pode muito bem refletir uma confirmação positiva de boas práticas e iniciativas com veículos híbridos. No caso da Ford ou da GM, a mesma palavra pode refletir uma frustração intensa e cada vez maior por parte do público com o fato de que os fabricantes não estão se comprometendo o suficiente com o meio ambiente. Somente ao avaliar o teor da opinião é que é possível saber se determinadas associações são favoráveis ou desfavoráveis à sua empresa.

A quantidade de associações favoráveis é uma parte muito importante das ações do mix de monitoramento do conteúdo da CGM, porque ela ajuda a determinar o nível de repercussão positiva da sua marca junto ao público. O serviço de atendimento ao consumidor, por exemplo, é uma categoria com alto índice de queixas, mas que também costuma ser prejudicada por uma opinião negativa ou baixa pontuação de associação favorável. O rastreamento dos níveis de associações favoráveis por longos períodos possibilita às empresas identificar o impacto de determinadas estratégias de propaganda ou de melhorias no produto sobre a opinião dos consumidores. Obviamente, é de interesse da organização ter uma pontuação alta de associações favoráveis.

O teor da opinião é muito mais difícil de medir com precisão utilizando as ferramentas gratuitas, e é por isso que as organizações de grande porte com frequência optam pelos serviços de monitoramento pago.

Mas nem tudo está perdido para as empresas de menor porte. Se você está apenas buscando uma avaliação rápida da opinião, é possível examiná-la com base no tom do primeiro comentário que abre um tópico num fórum de discussão ou o teor de associação positiva da reportagem citada por um blogueiro.

Em 2007, na época do recall de rações e brinquedos, por exemplo, não era difícil determinar qual a opinião predominante. Além disso, assim que você se acostuma a utilizar as ferramentas gratuitas, passa a entender quais blogueiros são inerentemente positivos e quais são negativos. Alguns, como Ben Popken, do The Consumerist, são negativos em quase todos os aspectos.

4. Emoção: qual a opinião dos consumidores sobre você?

Enquanto a opinião se refere aos sentimentos negativos ou positivos dos consumidores em relação à sua empresa, a *emoção* está ligada à força dessas opiniões e à forma que elas assumem. Uma coisa é saber, por exemplo, que os consumidores costumam ser desfavoráveis a respeito da nova tabela de preços da sua empresa; porém é ainda mais útil saber se eles se sentem explorados ou traídos, ou simplesmente chateados. As emoções deles têm consequências financeiras reais. A maioria dos bilhões de comentários dos consumidores arquivados on-line se origina de um catalisador emocional – positivo ou negativo –, o que já é mais do que motivo suficiente para medir a emoção na mídia gerada pelo consumidor.

Quando eu trabalhava na Procter & Gamble, a emoção era tudo. A estratégia de marca para as toalhas de papel Bounty buscava identificá-la como "a ajudante mais útil da casa para as mamães". A mensagem central era emocional e também racional – queríamos não apenas transmitir o fato de que a Bounty era um produto superior como também estimular uma associação emocional entre a marca e o carinho que uma mãe tem por seus filhos. Então lançamos uma campanha publicitária chamada "Little Kids, Big Spills" (algo do tipo "Crianças pequenas derramam muito líquido") para reforçar a ideia de que a marca tinha a ver com a emoção e a compaixão maternas. Todos os anúncios tinham uma fórmula parecida: uma criança muito bonitinha e inocente que causava o caos ao derramar líquido; a mãe a princípio arranca os cabelos, mas logo sorri, sabendo que a Bounty, "a ajudante mais útil da casa", consegue cumprir sua tarefa e salvar o dia. A campanha foi ao ar numa época pré-internet, mas gerou um bom volume de comentários entre nosso público-alvo – as mães – em grupos de discussão e similares.

A emoção é um elemento muito importante na propaganda boca a boca, e é por isso que as empresas precisam entender e aceitar as reações emocionais dos consumidores não só aos seus anúncios como também ao seu serviço de atendimento ao cliente, políticas de negócios e produtos. Os consumidores recompensam não apenas as marcas que executam seu trabalho, mas também as companhias que se conectam com eles num nível emocional. Na era da mídia gerada pelo consumidor, as organizações com credibilidade são aquelas que entendem quanto as emoções podem guiar ou acabar com o seu negócio, desenvolvendo estratégias para medir e administrar as reações emocionais dos consumidores.

Medir a emoção em milhares, se não milhões, de comentários on-line é uma das empreitadas mais complicadas e excitantes do monitoramento de uma marca. O processo está longe de ser perfeito, já que as emoções são repletas de ambiguidades, falsos positivos, expressões coloquiais e muito mais. No nível mais básico, a maneira mais eficiente de medir a emoção é examinar o texto bruto em busca de declarações e termos que possam indicar a opinião do autor a respeito de um tópico, uma marca, um assunto ou uma empresa. Sem dúvida, é mais fácil falar do que fazer, visto que muitas vezes é um desafio interpretar a força dessas declarações positivas ou negativas. No entanto, firmas de mineração de conteúdo estão desenvolvendo algoritmos cada vez mais seguros para determinar a força da emoção da mídia gerada pelo consumidor.

Além do básico de "positivo ou negativo", é possível se aprofundar ainda mais. Filtros avançados podem ser ativados para detectar, por exemplo, certas associações de palavras ou frases, como os termos *indignado* ou *traído*, que podem ser muito significativos. Isso é muito importante, porque o alcance da emoção dita o alcance da propaganda boca a boca. No PlanetFeedback, descobrimos que os consumidores que se sentiam traídos ou indignados a respeito de assuntos como "cobrança", por exemplo, costumavam ter um índice de propaganda boca a boca bem maior do que a dos que se sentiam apenas irritados.

5. Propagação: qual a virulência do que está sendo dito?

A *propagação* se refere à extensão com que um comentário, foto ou opinião se espalha a partir da fonte original. Os vídeos têm um fator de disseminação particularmente alto, já que os consumidores tendem a compartilhá-los sem limites. O Bank of America aprendeu essa lição a duras penas quando o vídeo constrangedor de uma música que celebrava uma recente fusão feita pela empresa vazou de uma reunião só para os funcionários e foi parar no YouTube, anunciando a transação a todo o país. Em poucos dias, o vídeo se espalhou no YouTube e de lá para praticamente todos os sites da web. Até a VH1 o transmitiu, e ele foi notícia no *The Wall Street Journal* e no *The New York Times*. O que começou com algo que parecia fofo e engraçadinho acabou se transformando em constrangimento – tanto que a revista *Ad Age* afirmou que o episódio foi uma das piores gafes de 2006.

Nessa era de propagação instantânea, as empresas devem permanecer constantemente alerta. Em outro "vídeo que percorreu o mundo", um webcast recente sobre a Blue Room da AT&T apresentava o Pearl Jam durante uma transição da música "Daughter" para "Another Brick in the Wall", na qual uma letra improvisada, que criticava George Bush, foi cortada. Isso criou um verdadeiro turbilhão de reclamações de falta de liberdade de expressão envolvendo a AT&T. Embora a companhia não tivesse censurado a música diretamente (o culpado foi um produtor contratado para evitar que palavras de baixo calão fossem ao ar), inúmeros assinantes da AT&T passaram a associá-la à censura.

Quando se trata de medir a disseminação dos comentários – propaganda boca a boca talvez seja um termo mais adequado –, todas as ferramentas gratuitas podem oferecer um nível superficial de análise. O Technorati, o BlogPulse e o IceRocket permitem seguir o rastro de links do comentário de um blog para outros, e o Conversation Tracker do BlogPulse permite rastrear comentários de blogs, notícias ou links de um site, ou qualquer coisa que tenha uma URL. Para pesquisas rápidas e informais, eu uso essa ferramenta para seguir a propagação de determinadas notícias. Se você vir vários blogueiros transmitindo uma notícia, ou fazendo referência a ela em seus comentários, pode fazer algumas suposições a respeito da virulência da história.

Qualquer empresa que tenta minimizar a má publicidade ou abafar um boato obviamente deseja uma taxa baixa de disseminação da mídia gerada pelo consumidor. Mas, no caso de uma companhia que está lançando um novo produto incrível, quanto mais dispersão, melhor. A internet aumentou a propagação em potencial porque, como vimos, pode disseminar informações de maneira mais rápida e em escala mais veloz do que os meios de comunicação tradicionais.

6. Fonte e autoria: quem está falando, onde e por quê?

É essencial entender quem está dando forma à conversa a respeito de sua marca, e se a fonte e o autor do comentário exigem mais ou menos ação de sua parte. Esse é o único caso em que a credibilidade do consumidor importa. As pessoas que estão falando mal da sua empresa têm algum motivo oculto? Será que são contratadas pela concorrência? Os que reclamam de fato estão usando o seu produto, ou os comentários são de fonte indireta? Se as reclamações vêm de uma fonte não confiável, às vezes pode ser melhor ignorá-las do que se dar o trabalho de responder a elas. Se, no entanto, vierem de alguém que realmente exerce influência, é melhor agir rápido. Quando se trata de decodificar a mídia gerada pelo consumidor, o autor dos comentários muitas vezes é tão importante quanto o que está sendo dito.

Para descobrir de onde – e de quem – se originou um comentário sobre a sua empresa, você pode usar um recurso avançado sobre serviços de assinatura de blogs chamado *trackbacking* ("rastreamento"), que atribui o crédito de uma ideia ou a rastreia até o seu autor/blogueiro original. A análise da mídia gerada pelo consumidor permite aos comerciantes e aos negócios classificar os blogueiros ou criadores de CGM mais importantes de acordo com o volume, a categoria ou a extensão de sua influência. Ferramentas como o BlogPulse da Nielsen Online, o IceRocket, o Technorati e o Google Blog Search podem medir a classificação e a quantidade de citações semanais e também as frases e palavras-chave que ele usa com mais frequência. Portanto, se um blogueiro influente estiver falando de produtos ou assuntos relacionados à sua empresa, você poderá determinar a influência dos comentários e o público que ele atinge.

Serviços como o BlogPulse e o Technorati também oferecem perfis gratuitos de blogueiros, incluindo o comportamento de publicação de comentários, a atividade de links, os tópicos sobre os quais eles mais escrevem, a classificação, o nível de influência e qualquer outra informação que os usuários tornem disponíveis. Em alguns casos, você pode até obter informações a respeito dos rastros de determinado autor para melhor avaliar sua credibilidade. O Technorati, por exemplo, atribui uma pontuação de "autoridade", que é basicamente a quantidade de blogs que criaram links para um blog específico nos últimos seis meses. E o BlogPulse oferece análises detalhadas dos "10 mil blogueiros mais importantes". Portanto, se você estiver preocupado com determinado blogueiro, como Jeff Jarvis, pode informar o endereço do blog dele na seção de perfis do BlogPulse e obter um relatório completo sobre quem costuma ler e citar os comentários do blog dele, ou até mesmo os artigos, blogueiros ou veículos de comunicação que ele cita com mais frequência.

Ao analisar a mídia gerada pelo consumidor, faz sentido prestar atenção aos comentários da base de consumidores principais de sua empresa. A American Airlines, por exemplo, presta atenção ao que as pessoas que costumam viajar a trabalho têm a dizer. A Whole Foods Market se concentra nos consumidores preocupados com a saúde. A Pampers fica atenta a quem acabou de ter filhos. E assim por diante.

Uma análise nunca está completa até que seja possível entender quem está por trás de uma série de comentários. Em alguns casos, ela pode simplesmente confirmar que os autores dos comentários são exatamente quem você espera alcançar e influenciar. Em outros casos, você pode acabar descobrindo que um grupo totalmente novo de consumidores está falando sobre o seu produto ou sua marca. A estratégia de marketing de uma produtora de cinema pode estar direcionada a garotos adolescentes, por exemplo, mas se os comentários on-line sugerirem que, na verdade, as mulheres na faixa etária acima de 30 anos estão empolgadas com o filme, elas formam um grupo adicional que a produtora deve almejar para filmes semelhantes ou uma continuação do filme em questão.

Por outro lado, há muito a aprender com os consumidores que não usam os produtos ou serviços da sua empresa. O Wal-Mart, por exemplo, talvez se beneficie ao prestar atenção na mídia gerada pelos clientes da Target, ou pelas mulheres entre 18 e 24 anos. Muitas vezes, saber o que a sua companhia está fazendo para atender certos segmentos pode ajudá-lo bem mais a expandir a sua base de consumidores do que se informar sobre as coisas positivas que os consumidores estão dizendo. De qualquer maneira, sem dúvida surgirão situações poderosas e únicas.

Um pouquinho de mídia gerada pelo consumidor já influencia muita coisa

Assim como qualquer mídia tradicional, a mídia gerada pelo consumidor influencia as opiniões, as impressões e, mais importante ainda, o comportamento de compra de outros consumidores. Medi-la, portanto, é tão importante quanto analisar e elaborar textos publicitários ou institucionais ou criar uma boa embalagem para seu produto – até mais, por causa da natureza viral da CGM e da velocidade com que se espalha. Ela não é só outra variação da mídia; na maioria dos casos, é nela que os consumidores *mais* confiam, a que julgam *mais* confiável e é até *mais* permanente que a mídia tradicional.

A maioria das empresas sabe tão pouco a respeito do que está sendo dito sobre elas na internet que até mesmo alguns poucos dados podem gerar recompensas excelentes. E não só para a área comercial: cada departamento de qualquer organização pode obter benefícios direcionando a atenção para a discussão gerada pelo consumidor. Portanto, quer você seja um gerente, um operador de call center, um designer ou pesquisador de produto, representante de vendas ou um executivo importante, aprender quais são as experiências dos consumidores em tempo real pode lançar luz sobre os problemas atuais ou que estão por vir.

Livre das limitações impostas pelo grupo de discussão tradicional, a CGM permite aos consumidores revelar suas emoções mais profundas e opiniões mais honestas, as quais possuem grande valor para as empresas que estão tendo dificuldades para continuar a transmitir uma imagem de credibilidade neste mundo em que é o consumidor quem dita as regras.

Agora que você já sabe como encontrar, medir e analisar todos os comentários on-line a respeito da sua empresa, está pronto para aprender a usar essa informação para aumentar a credibilidade em tudo o que sua companhia faz. Nos capítulos seguintes, mostrarei como colocar os seis principais fatores que determinam a credibilidade para funcionar em toda a sua empresa.

O consumidor está falando... Será que você está ouvindo?

Capítulo 4

Nem todos os profissionais de marketing são mentirosos: marketing e publicidade com credibilidade

A era em que os "marqueteiros", ou profissionais de marketing, estabeleciam todos os planos de ação chegou ao fim. Os consumidores de hoje não querem ser alvo do marketing. Mas, mesmo que os consumidores cada vez mais controlem o diálogo, os profissionais de marketing ainda podem fazer parte da conversa. Como? Tornando a credibilidade um fator em todas as suas decisões de marketing e publicidade. Faça a si mesmo esta pergunta: o que faz os consumidores se sentirem valorizados e importantes? Como posso chegar até eles sem interrompê-los ou importuná-los? Como posso transmitir minha mensagem de modo que ela comunique um respeito genuíno? Como posso atrair participação e envolvimento significativos? Como posso obter mídia positiva gerada pelo consumidor em benefício da minha empresa e não ser visto como falso ou excessivamente manipulador? Aqui estão algumas estratégias úteis.

Venda com transparência

Vender *com* (não para) os consumidores só dá certo numa atmosfera de honestidade total. Portanto, é essencial que as empresas sejam totalmente transparentes em sua tentativa de fazer com que a CGM lhes traga bons resultados. Se as organizações não forem francas com os consumidores, estes muito provavelmente irão descobrir. Essa é a realidade do mundo on-line hoje em dia. Os blogueiros, os que utilizam podcasts, os que participam de redes sociais e outros agentes que exercem influência sobre a CGM, que eu descrevi no Capítulo 2, irão repreender as empresas se elas não forem totalmente diretas naquilo que afirmam.

Nessa era em que todos temos que ser responsáveis por nossas ações, o marketing furtivo ou disfarçado só pode trazer problemas e constrangimento à sua empresa. Pergunte à Mazda. Há vários anos, a agência publicitária da fabricante de carros criou um blog falso que dizia ser de autoria de um consumidor de automóveis da marca. Além de todos os elogios generosos aos veículos da Mazda, o blog incluía três comerciais supostamente amadores, criados por consumidores. Os blogueiros experientes desconfiaram logo de cara e atacaram a Mazda publicamente na web. Até hoje, se você faz uma busca por "blog Mazda" no Google, os resultados que aparecem são alguns dos textos mais cáusticos sobre a marca, desde "o blog da Mazda vai à ruína" a "muito falso", "idiota" e "erro imbecil".

Eis outro exemplo de por que o marketing falso nunca compensa.

No fim de 2006 e começo de 2007, a firma de comunicação e relações públicas do Wal-Mart, a Edelman PR, criou um blog falso (conhecido como "flog") para promover um programa chamado "Wal-Marting Across America" ("Wal-Marteando pelos Estados Unidos"). Supostamente, o blog era escrito por fãs de carteirinha do gigante varejista, mas, na verdade, os autores eram funcionários pagos da Edelman.

Foi uma péssima ideia. Falsificar qualquer coisa é receita certa de desastre para a sua credibilidade, e o veneno que circulou por toda a blogosfera a respeito do Wal-Mart e da Edelman, assim que a farsa foi descoberta, é prova incontestável disso. O desastre foi particularmente grave se considerarmos que o presidente, Richard Edelman, e sua firma ajudaram, como afirmou a *BusinessWeek*, a "escrever as regras para as empresas que tentam explorar a blogosfera". Não apenas a promoção do Wal-Mart fugiu ao controle como a própria credibilidade da Edelman estava em xeque. Curiosamente, em vez de se manter à margem do problema, a Edelman PR teve a postura proativa de admitir o erro no programa, e o próprio Richard Edelman de fato contribuiu com comentários em diversos blogs. Em particular, ele percebeu que a mídia social "é um processo de educação a longo prazo para os nossos funcionários. Houve erros, mas estamos dispostos a levantar e tentar de novo quantas vezes forem necessárias, até conseguirmos fazer tudo direito". Além disso, Edelman e sua firma reafirmaram, por iniciativa própria, seu compromisso com as diretrizes éticas desenvolvidas pela Associação de Marketing Boca a Boca (a WOMMA, na sigla em inglês), que dá grande valor à transparência de identidade na comunicação de marketing.

Mas existem mais coisas na transparência do que simplesmente evitar uma farsa completa. Comece a reforma da transparência da sua empresa com base na lista de critérios a seguir.

1. Faça uma checagem de DNA

Como os consumidores falam da sua empresa? Quais são o teor e o tom dos comentários? Certifique-se de que a sua comunicação com os consumidores é consistente com o foco da conversa externa. Muitas vezes, a mensagem de uma empresa não está em sincronia com os assuntos sobre os quais os consumidores comentam on-line. Por exemplo, um consumidor pode fazer uma pergunta num blog, mas a empresa simplesmente não aborda tal questão em seus anúncios, suas embalagens ou no site. É uma oportunidade perdida. Ser transparente significa ser relevante.

Para vender *com* os consumidores, as empresas precisam estar constantemente atualizadas com as perguntas que eles fazem e tentar responder a elas de maneira franca e honesta.

2. Não esconda as informações nas letras miúdas do contrato

Muitas marcas *declaram* que são transparentes, mas na verdade escondem certas informações nas letrinhas miúdas dos contratos. Vejamos, por exemplo, a Vonage, empresa de telefonia pela internet. Embora ela anuncie diversos benefícios, esconde vários detalhes importantes a respeito de seus serviços e as taxas cobradas em uma fonte bem miúda, nos recônditos mais ocultos de seu site. Consequentemente, muitos consumidores têm uma surpresa desagradável ao descobrir que os benefícios anunciados, como bons preços, identificador de chamadas, caixa postal eletrônica, redirecionamento e espera de chamadas são apenas para os novos clientes, ou que existem taxas ocultas acrescentadas ao produto básico. Os consumidores puniram tais lapsos de credibilidade deixando um rastro digital de ira e fúria contra a Vonage em toda a rede.

As políticas de privacidade e os termos de prestação de serviço na maioria dos portais da web são exemplos de informações que muitas vezes se escondem nas letras miúdas; os consumidores muitas vezes perdem essas informações porque tais avisos são longos e difíceis de ler. A realidade é que os consumidores simplesmente não têm paciência para ler o texto completo, e as empresas muitas vezes se valem disso para ocultar informações ali. Uma maneira de ser mais transparente é comunicar a mensagem das “letras miúdas” por um meio mais transparente, talvez um vídeo do presidente explicando uma política da empresa ou um podcast de um consumidor descrevendo sua experiência. Mesmo que a informação não seja 100% satisfatória ou positiva, ainda assim é melhor ser franco e direto.

Um ótimo exemplo é a Progressive Insurance, que lista os valores de seguro cobrados pela concorrência em seu próprio site para que os clientes em potencial possam comparar as cotações na mesma hora. Essa corajosa estratégia pode custar à Progressive alguns clientes a curto prazo, mas a longo prazo ela traz enorme credibilidade à empresa.

3. Facilite a busca

Certifique-se de que os mecanismos de busca no seu site cobrem todas as áreas e faça isso de maneira que ele coloque as informações mais relevantes no topo dos resultados. Por exemplo, se digitar "responsabilidade social" na maioia dos sites corporativos, ou você não vai achar nenhum resultado ou receberá uma maçaroca irrelevante de resultados aleatórios. A sua empresa não ganharia muito mais credibilidade se as palavras-chave "responsabilidade social" gerassem uma reportagem sobre a sua mais recente iniciativa em prol do meio ambiente ou uma declaração da política da empresa contra o emprego de mão de obra barata em fábricas com péssimas condições de trabalho?

Por outro lado, se existem assuntos controversos sobre a sua empresa sendo discutidos on-line ou na mídia, os resultados de busca nos seus próprios sites também devem revelar essas informações. Se você usa FAQs, atualize-as constantemente e as mantenha com alto grau de relevância observando além do seu quintal e prestando atenção ao teor das conversas no ambiente da CGM.

Lembre-se: a transparência exige uma abertura total. É bem melhor contar o seu lado da história do que tentar escondê-lo.

4. Mostre *todas* as avaliações e resenhas

Muitos consumidores verificam as avaliações e as resenhas no próprio site da empresa antes de fazerem uma compra. Afinal, não é mais fácil visitar uma única página da empresa do que estudar a fundo a quantidade infinita de CGM na web? Empresas inteligentes como a Best Buy e a Circuit City, por exemplo, importam resenhas – tanto positivas quanto negativas – para seus próprios sites de modo a auxiliar o processo de decisão dos consumidores. (É claro que eles precisam dar crédito às fontes originais das resenhas.) E a Dell, logo depois do desastre causado por Jeff Jarvis, até começou a permitir que os consumidores publicassem resenhas em seu site. Na superfície, isso pode parecer marketing negativo, mas na verdade é o que impulsiona a credibilidade. Não há problema em deixar um consumidor ver de vez em quando uma resenha negativa a respeito da sua marca no seu próprio site; essa transparência é mais do que compensada pela confiança e fidelidade que ela transmite. Da mesma forma, um garçom que às vezes torce o nariz para um item do cardápio tem mais credibilidade quando ele o incentiva a experimentar um prato diferente. Reconhecer as críticas dá mais credibilidade às resenhas positivas.

5. Não prometa o que não pode cumprir!

Uma advertência aos profissionais de marketing e publicitários: não exagerem na afirmação de um anúncio, dizendo coisas que vão além do desempenho alcançado por um produto ou serviço. No mundo da CGM hoje, as empresas devem ter cuidado principalmente com aquilo que afirmam em seus anúncios; exagerar só irá criar ou aumentar os problemas de credibilidade. Os blogueiros são excelentes examinadores daquilo que os comerciais alegam e adoram expor as declarações – por exemplo, um comercial de TV declarando uma coisa e o depoimento de um consumidor que o contradiz radicalmente. Na verdade, na minha análise de mais de um milhão de cartas no PlanetFeedback, descobri que aquelas que geraram a maior quantidade de boca a boca negativo falavam da grande disparidade entre o que marca prometia e o verdadeiro desempenho do produto.

Vejamos, por exemplo, o serviço de telefonia celular. A Verizon tem alguns comerciais muito eficazes que ilustram o tamanho e a força de sua rede de telefonia celular. Mas mesmo assim há relatos de que a empresa sabota constantemente o software que vem com seus telefones, e seus anúncios nunca mencionam a exigência de um contrato de dois anos ou o custo dos recursos adicionais. Se você observar atentamente o mapa de associação de marca a seguir, que ilustra como os consumidores interpretam as propagandas, você perceberá por que é tão importante para as organizações anunciar e vender com transparência hoje em dia. Perceba como o termo "falsa" é o mais próximo do termo

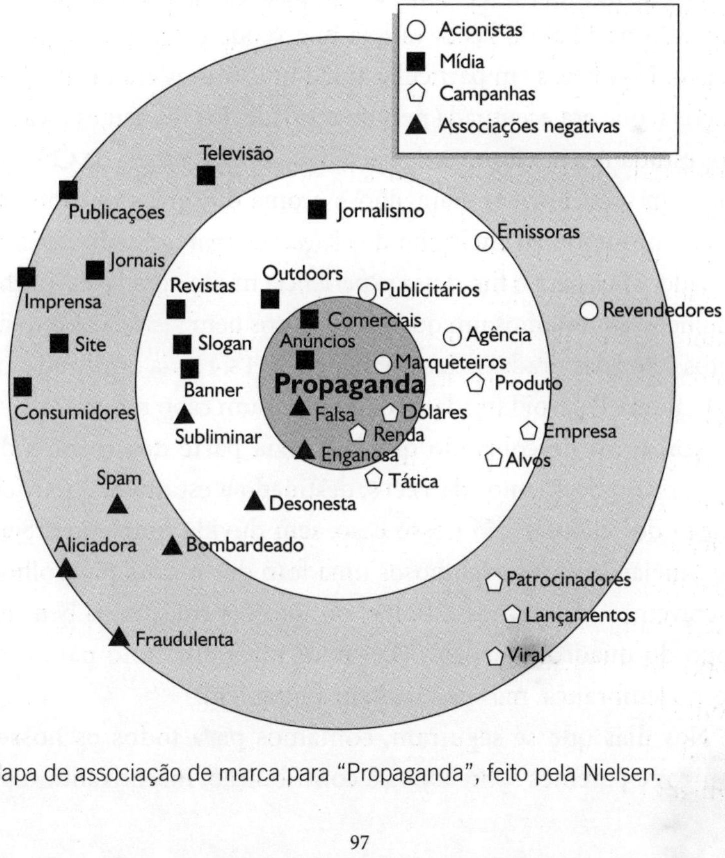

Mapa de associação de marca para "Propaganda", feito pela Nielsen.

propaganda – seguido de perto pelos termos "enganosa", "tática" e "desonesta". Em outras palavras, os consumidores associam de maneira desproporcional a propaganda a mentiras e táticas enganosas.

Lembre-se: o seu marketing e a sua propaganda são responsáveis por gerar a imagem da sua empresa e de seus produtos, e você terá de prestar contas quanto a qualquer declaração que não for 100% honesta ou correta.

Concentre-se no ponto exato da afeição

Quando eu estava passando férias recentemente com a família na minha cidade de origem, Pasadena, minha mulher e eu levamos nossos gêmeos para dar um passeio pela vizinhança, finalmente parando na filial da Peet's (a loja que vende café) que havia no bairro. Essa Peet's em particular tinha uma atmosfera inegável de energia, que era acentuada pela diversidade dos residentes locais e dos estudantes inteligentes da Faculdade de Tecnologia da Califórnia, sem mencionar o maravilhoso aroma dos grãos torrados da Peet's misturado ao cheirinho dos *bagels* da marca Noah's, na loja ao lado. Mais para o fim dessa experiência muito agradável, minha mulher e eu notamos um quadro de avisos bem visível coberto de fotos coloridas tiradas pelos clientes da Peet's. Havia uma tradicional câmera Polaroid fixada ao quadro por um cabo reforçado.

Acabamos descobrindo que isso fazia parte dos eventos do aniversário de 40 anos da Peet's, destinado a estimular a participação dos clientes. No nosso caso, sem dúvida funcionou. Sem pestanejar, tiramos orgulhosos uma foto dos nossos pimpolhos, escrevemos "Adoramos a Peet's" na foto e a colocamos bem no topo do quadro de avisos. (Levamos mais uma foto para casa como lembrança, mas não contem a ninguém!)

Nos dias que se seguiram, contamos para todos os nossos amigos e parentes sobre a nossa contribuição, incentivando-os a dar um pulo na Peet's e ver a nossa linda foto – a maioria deles fez isso, e sem dúvida também compraram café. O programa da Peet's se baseou na ideia muito simples de que os consumidores que são estimulados a interagir ativamente com as marcas que amam acabam contagiando os outros com esse sentimento – e foi o que aconteceu.

Agora eu chamo isso oficialmente de "ponto da afeição", aquele momento crítico da experiência com um produto ou uma marca que torna possível o feedback positivo e a propaganda boca a boca escorregar das nossas línguas feito uma criança num escorregador de piscina. O ponto da afeição acontece sempre na hora certa e muitas vezes é encorajado, mas nunca – repito, nunca – forçado.

Um grande motivo por que tantas empresas fracassam no marketing boca a boca é que elas não sabem como fazer seus consumidores descobrirem o ponto exato da afeição. Elas transmitem mensagens que não têm nada a ver com emoções ou com a experiência real do consumidor. Elas deveriam se dar conta, como fez a Peet's, de que os consumidores se sentem engajados com uma experiência autêntica e positiva, e não precisam ser seduzidos, atiçados ou estimulados com firulas ou marketing disfarçado.

A campanha do Álbum de Família da Peet's acabou se mostrando um grande sucesso, coletando CGM de um tipo não eletrônico bem no momento da experiência do consumidor. A participação foi além das expectativas. Como explicou a diretora de marketing da Peet's, Christine Lansing: "Esses quadros de fotos foram um grande sucesso. Em poucos dias, eles ficaram cheios de fotos, bilhetes, desenhos, etc. As pessoas *querem* participar... e sem dúvida elas têm algo a dizer!"

Vamos comparar a campanha da Peet's com uma tentativa recente da General Motors. A GM também convidou seus consumidores a participarem, incentivando-os a criar seus próprios anúncios para o novo Chevy Tahoe. Como promoção paralela ao reality show da TV *The Apprentice*, a campanha conseguiu atrair muita atenção por parte dos blogs e da mídia. Eu até a elogiei bastante no meu blog por sua ousadia, coragem e seu experimentalismo.

Mas isso não se transformou num aumento na fidelidade do consumidor ou em vendas. E por quê? Porque a GM não entendeu qual era o "ponto da afeição". Já que a competição não era voltada aos motoristas do Chevy Tahoe, a maioria dos anúncios foi criada por consumidores que nunca de fato compraram ou nem mesmo dirigiram o carro. Por essa razão, faltava aos anúncios paixão e entusiasmo genuínos, do tipo que faz os consumidores saírem correndo para a concessionária.

E como a GM poderia ter feita uma campanha mais eficaz? Imagine se:

- As concessionárias da GM dessem a todos os compradores cartões pedindo (mas não exigindo) que eles criassem seus próprios anúncios depois da primeira semana dirigindo o veículo.
- O site da GM enviasse para todos os compradores recentes e-mails com um link para informações a respeito da campanha, pedindo que eles escrevessem a respeito das ótimas experiências que tiveram.
- A GM enviasse e-mails sobre a campanha de anúncios toda vez que os consumidores dessem feedback on-line ou instruísse os funcionários de atendimento a informar aos consumidores a respeito da campanha quando estes ligassem para a empresa desejando relatar experiências positivas.

Para não falar só mal da GM, é preciso dizer que a tentativa seguinte de envolver os consumidores no processo da propaganda foi bem mais eficiente. Dessa vez, a empresa teve como alvo universitários, pedindo que eles criassem anúncios para os carros que fizessem parte também do mercado para os jovens (veículos como Aveo, Cobalt, HHR e Equinox), e chegou a um conceito bastante inteligente: o anúncio do "Car Wash", uma contribuição da estudante Katie Crabb, da University of Wisconsin-Milwaukee, que acabou sendo exibido num memorável spot de 30 segundos durante o Super Bowl, em 2007. A GM pode não ter fisgado o ponto exato da afeição, mas, ao almejar os universitários que tiveram experiências relevantes com marcas específicas de carros, ela chegou bem perto do alvo.

"ONDE MAIS EU POSSO ACHAR O PONTO EXATO DA AFEIÇÃO?"

A localização do ponto exato da afeição varia, mas aqui estão alguns lugares onde você pode procurar.

- **No ponto de vendas:** Muitas grandes experiências são cultivadas ou no ponto de venda ou no revendedor. A conexão emocional precisa estar presente para alguém de fato fazer a compra.
- **No momento do feedback:** Sim, o feedback pode ser negativo, mas nem todos. Existe uma grande oportunidade inexplorada para transformar o feedback em uma ferramenta de depoimentos positivos. Por exemplo, se um consumidor fala muito bem sobre determinado produto, essa é uma excelente oportunidade para incentivá-lo a gerar mídia positiva e espalhar a fidelidade à marca para outras pessoas.
- **No site:** Os sites são cada vez mais extensões da experiência com o produto ou a marca. Um site de fácil utilização, orientado ao consumidor, pode gerar conexões positivas.

Toda empresa precisa prestar atenção aos usuários mais fiéis e entusiasmados, porque tais embaixadores da marca farão de tudo por você. O futuro do marketing na era do controle do consumidor é fazer com que esses consumidores partilhem suas opiniões e experiências com os outros. Como supostamente disse Mark Jarvis, o diretor de marketing da Dell: "Ouvir a conversa entre os consumidores é, na verdade, a forma mais perfeita de marketing que você pode ter."

Encoraje a participação e a cooperação dos consumidores

As empresas podem impulsionar a propaganda boca a boca positiva ao convidar os consumidores a participarem não apenas da criação da mensagem, como exemplificado no caso da Peet's, mas também ao criar o produto ou o serviço em si. Não apenas o envolvimento do consumidor estimula a fidelidade à marca como também os clientes mais envolvidos estão entre os melhores inovadores para as empresas.

A Ben & Jerry's foi uma das primeiras empresas a adotar a noção de participação do usuário, muito antes de toda a badalação em torno da Web 2.0, ao convidar seus consumidores a votarem em novos sabores de sorvete. E os recursos interativos no seu site – como a visita virtual ao processo de fabricação de sorvete (chamado de "from Cow to Cone", "da vaca até a casquinha") – continuam a envolver os consumidores e fazer com que se sintam entusiasmados.

A Lego também sempre esteve na vanguarda da cocriação; ela incentiva os fãs a projetar e desenvolver novos usos para as clássicas pecinhas de brinquedo. A Lego até mesmo montou amplos laboratórios para ouvir o cliente, nos quais esses consumidores altamente engajados quase atuam como funcionários da empresa, ajudando a inventar novos conceitos para os brinquedos. E, de fato, o inovador produto da Lego e campeão de vendas Mindstorms foi desenvolvido em grande parte com base nas sugestões dos consumidores. Ao envolver os clientes no processo de desenvolvimento do produto, a empresa impulsionou o grau de fidelidade e o burburinho positivo.

O envolvimento do usuário foi o segredo da Dell para o sucesso no meio da década de 1990, quando a Dell Direct, que empregava compradores para personalizar, configurar e comprar os computadores da Dell on-line, provou ser um grande sucesso, gerando vendas de quase US$ 15 milhões por dia. "Algo de poderoso acontece quando os consumidores configuram suas próprias máquinas", declarou Norm Lehoullier, ex-presidente da Grey Interactive, a firma que ajudou a desenvolver o modelo Dell Direct. "A fidelidade à marca é cultivada pelo processo de permitir que os consumidores participem da criação e da configuração do produto final. Isso criou uma 'equação de valor' maior."

Outro modelo de sucesso de participação do usuário foi a inovadora iniciativa da M&M's chamada Global Color Vote, na qual quase 10 milhões de consumidores votaram nas novas cores de M&M's. Mais uma vez, o envolvimento reforçou o elo emocional dos consumidores com a marca, impulsionando a fidelidade e, indiretamente, as vendas.

Quando comecei na Procter & Gamble, das centenas de campanhas publicitárias on-line que testamos, a mais eficiente, de longe, era uma que se baseava na participação do usuário. O motivo é que o conteúdo criado por outros consumidores não apenas tem um pendor criativo incomum, até mesmo em estado bruto, mas também parece ser mais autêntico e confiável – e, portanto, com credibilidade – para outros consumidores. As pessoas acreditam – e corretamente, na maior parte das vezes – que os outros consumidores que criam anúncios fazem isso por sentirem uma afeição genuína à marca, não para cumprirem um contrato pago. Contudo, é difícil saber se a participação do consumidor na propaganda continuará a ser eficiente. Se toda empresa fizer isso, ou se isso passar a parecer forçado, o fator de credibilidade poderá diminuir.

Integre a mensagem on-line com a mensagem off-line

Em 2007, um anúncio de 30 segundos durante o Super Bowl custava US$ 2,7 milhões. A propaganda nos intervalos de meia hora entre os tempos por si só custava ao patrocinador de US$ 15 a 20 milhões. Mas, depois de quatro anos analisando cuidadosamente os anúncios veiculados durante o Super Bowl, descobri que aqueles que angariavam maior reconhecimento e atenção antes, durante e depois do jogo eram os de marcas que tinham as melhores estratégias de internet.

Os profissionais de marketing muitas vezes falam de "integração on-line-off-line". Mas essas palavras não são mero jargão vazio. Num mundo em que quase todas as casas têm conexão à internet em cada aposento e um número cada vez maior de pessoas pode assistir à televisão em seus iPods, dispositivos móveis e celulares, mais consumidores do que nunca estão indo e voltando entre a internet e a televisão. Mas, mesmo numa era de gravadores digitais de vídeo e aparelhos que podem capturar a programação e armazená-la em HD, os anunciantes não podem se dar ao luxo de abandonar totalmente os anúncios na TV. Qual a solução? Complementar e aumentar a propaganda off-line por meio de seu site.

No jogo do Super Bowl de 2007, Doritos, FedEx, GM e Budweiser aproveitaram ao máximo a verba destinada aos anúncios na TV ao sincronizar suas propagandas on-line e off-line. Essas empresas não apenas incluíram seus anúncios televisivos de maneira bem evidente em seus sites como também acrescentaram "extras" relacionados aos anúncios, escreveram a respeito dessas propagandas em seus blogs e inundaram seus sites corporativos e de marca com ainda mais conteúdo relacionado aos anúncios. O burburinho que essas estratégias geraram só foi ampliado pela cobertura da mídia que receberam, graças a suas estratégias inteligentes e sua execução eficaz.

Outra empresa que empregou uma tática similar com resultados impressionantes durante o Super Bowl de 2007 foi a Nationwide Insurance, com seu memorável spot "Life Comes at You Fast" ("A vida chega rápido"). Ao contrário do que se pode pensar, o spot *não* foi um sucesso porque apresentava o ex-marido de Britney Spears, Kevin Federline; foi um sucesso porque a Nationwide dominou o princípio de integração on-line/off-line ao fazer o seguinte:

- Dar início ao burburinho gerado divulgando o anúncio bem antes do jogo
- Promover o anúncio de maneira agressiva na página inicial do site
- Incluir no site links do tipo "envie a um amigo", que permitiam aos usuários enviar o anúncio para outras pessoas com um simples clique do mouse
- Oferecer "conteúdo adicional", como entrevistas e cenas gravadas nos bastidores (assim como há nos DVDs) relacionadas ao anúncio, no site

O mais notável na campanha da Nationwide foi ela ter criado, em poucas semanas, um volume sem precedentes de comentários e burburinho on-line. Na verdade, ela gerou quase tanto conteúdo indexado no Google quanto todos os anúncios da Budweiser que já foram transmitidos durante o Super Bowl. O vice-presidente de propaganda e gestão de marca da Nationwide, Steven R. Schreibman, disse ao *The New York Times* que o objetivo era que seu comercial "tivesse vida fora do Super Bowl". Ao utilizar seu site confiável como um veículo para o anúncio, a empresa teve sucesso na tentativa de impulsionar uma quantidade gigantesca de conversas on-line e CGM. Além disso, já que o conteúdo de seu site era consistente com as propagandas na TV, a mensagem da Nationwide foi encarada como ainda mais autêntica e confiável.

Mas o Super Bowl é só um exemplo do que está rapidamente se tornando uma tendência no universo televisivo. Tentativas de criar uma sinergia entre a programação da TV e o conteúdo on-line vêm aumentando consideravelmente desde 2006, já que as redes de TV reestruturaram totalmente seus sites e intensificaram sua presença on-line. Na verdade, todas as grandes redes de TV aberta ou a cabo integraram o conteúdo gerado pelo usuário em seus sites – de blogs a compartilhamento de vídeo, passando por wikis –, tudo isso pensando em atrair maior audiência à sua programação ao aumentar a participação on-line. A CBS, por exemplo, até oferece um estúdio de edição que permite aos fãs e aspirantes a cineasta criar vídeos promocionais que são depois enviados para a CBS.com e a CBS Mobile. "Reconhecendo que o conteúdo de duração breve é o que nossa audiência deseja encontrar on-line, estamos determinados a levar até os fãs da CBS clipes curtos e fáceis de compreender que eles podem incorporar, transformar, reeditar e, sem dúvida, usar para nos inspirar com sua criatividade", declarou Anthony Zuiker, produtor executivo e criador da série *CSI – Crime Scene Investigation*, numa entrevista recente.

Uma coisa ficou clara com esses acontecimentos: a marca, a empresa ou o site do produto são absolutamente indispensáveis para gerar fidelidade e credibilidade quanto à produção. No próximo capítulo, você irá aprender ainda mais sobre como aumentar a credibilidade em cada frente por meio do site da empresa.

Capítulo 5

A porta de entrada da sua empresa: a credibilidade do seu site

No dia 1º de abril de 2007 (início da temporada de beisebol nos Estados Unidos), James Furdell entrou na sua conta da ESPN.com para fazer algumas trocas em seu time de beisebol virtual. No entanto, para sua tristeza, ele descobriu que sua lista de jogadores estava "emperrada" – ele não conseguia mudar a escalação da equipe, nem cortando nem escolhendo mais nenhum jogador. Não era uma brincadeira de 1º de abril; havia algo de muito errado com o jogo on-line da ESPN. Furdell, um fã entusiasta do beisebol virtual, ficou furioso. Então ele extravasou a raiva no seu blog e em fóruns de discussão relacionados aos jogos on-line. Até o fim daquela semana, a ESPN foi inundada com reclamações de outros jogadores que haviam passado pela mesma frustração com a pane que afetou o jogo.

Sabiamente, a ESPN respondeu a contento. Assim que identificou o problema no software, imediatamente passou a se concentrar nos reparos, enviou aos jogadores e-mails periódicos, deixando-os a par do progresso, e prometeu acesso livre ao conteúdo pago a todos os jogadores assim que o site voltasse ao normal. E, ainda que jogadores obstinados como Furdell talvez não voltassem ao site para jogar beisebol virtual na temporada seguinte, a tentativa genuína da rede de reagir ao problema e remediá-lo foi a forma mais inteligente para evitar alienar muitos consumidores.[2]

Hoje em dia, as empresas cada vez mais usam jogos e competições – por exemplo, o beisebol virtual – para atrair mais visitantes a seus sites. E por quê? Porque as empresas se deram conta de que, como os sites corporativos são, por natureza, não invasivos e informativos e as pessoas consentem em receber suas informações, eles têm potencial para gerar um nível de confiança considerável nos consumidores. Na verdade, um grande estudo do qual participei, a respeito da confiança e da credibilidade de marca, revelou que os sites corporativos estavam entre os veículos de propaganda mais confiáveis – aos olhos do consumidor, eles são mais confiáveis que os anúncios de TV e rádio, o merchandising de produtos em filmes e novelas e os banners ou anúncios em sites de busca.

E, no fim de 2007, a Nielsen lançou um estudo que revelou algo extraordinário: a princípio, os consumidores depositam mais confiança nos sites de marcas do que até mesmo nos depoimentos de consumidores, nas notícias ou em outras propagandas. Ao serem indagados sobre que fonte seria mais provável que consultassem ao buscar por informações na internet a respeito de um produto ou uma marca, extraordinários 55% dos quase 70 mil consumidores pesquisados afirmaram que primeiro acessariam o blog ou o site da empresa. Mas o triste é que a maioria das empresas não explora a potencialidade de seus próprios sites. Até mesmo no mundo on-line atual, muitos simplesmente não se dão conta de quanto um site pode ampliar seus negócios – se, como aprendeu a ESPN a duras penas, esse site for confiável.

Pense nas oportunidades: como é a primeira fonte a que os consumidores recorrem para tentar encontrar informações a respeito da sua organização, sua marca ou seu produto, o site da sua empresa é, sob vários aspectos, o eixo do seu negócio. Milhões de pessoas visitam sites corporativos todos os dias, e esses números estão aumentando com a expansão generalizada da web. Mas *visitar* um site está bem distante de *falar* sobre ele. Uma empresa sempre pode direcionar o tráfego ou comprar visitas para o seu site, mas isso não se traduz necessariamente em burburinho ou CGM positivos. O falatório em torno de sua marca ou seu produto é algo que se conquista. Para fazer os consumidores falarem, o conteúdo do site da sua empresa deve ser útil, atual, convidativo, envolvente e deve atrair visitas repetidas – ou seja, um site que merece ser partilhado ou enviado para outras pessoas. A informação deve ser fácil de achar, sempre relevante e consistente com o posicionamento da empresa. Um site bem gerenciado pode dar origem a uma quantidade significativa de mídia gerada pelo consumidor e pode ser um fator determinante da credibilidade.

Os consumidores que espalham boas ou más notícias a respeito das organizações estão sempre buscando conteúdo útil, em relação ao qual se pode agir. As corporações precisam entender que as pessoas que criam CGM tendem a utilizar o conteúdo disponível nos sites das empresas para informar ou confirmar seus próprios posts em blogs, resenhas de produtos ou outros comentários on-line. Se elas ficam sabendo de algo a respeito de uma companhia, a tendência é que verifiquem o site da referida empresa antes de transmitirem suas opiniões. E, se esse site for visto como uma fonte confiável e de credibilidade, elas farão um link para ele em seus blogs, em seus e-mails, em suas páginas no MySpace, ou em conversas em programas de mensagens instantâneas. Dessa forma, o site se torna uma extensão das redes de contato dos próprios consumidores. Esse consumidor pode ser uma Mãe Poderosa que deseja confirmar a indicação de que determinado alimento para bebês ajuda na prevenção de doenças antes de recomendá-lo para os pais e as mães de sua rede de amigos. Ou pode ser um Fã de Engenhocas que precisa de todos os dados e estatísticas a respeito do novo modelo de MacBook antes de emitir seu parecer. Pode ser um Adolescente Tecnológico mandando para todos os seus amigos o link do melhor site de beisebol virtual. Ou pode ser um Lança-Chamas Radical que deseja comparar as declarações da empresa com o que ele leu na web, simplesmente porque é divertido pegar a companhia de calças curtas. De certa maneira, esses links são a moeda de troca social das organizações; se o site da sua empresa tem credibilidade, as pessoas que influenciam a CGM irão propagar essa credibilidade ainda mais.

Você pode aumentar a credibilidade em seu site utilizando os mesmos indicadores principais que aumentam a credibilidade nos outros aspectos do seu negócio. Os sites corporativos podem aumentar a credibilidade e a autenticidade ao atuar como fontes de informação confiáveis e especializadas a respeito de todas as dimensões da empresa e de seus produtos. Eles muitas vezes também são o melhor canal para ouvir o que os consumidores têm a dizer, além de serem o recurso mais adequado para estabelecer um diálogo útil e significativo com os clientes. Aqui estão algumas dicas para ajudar a remodelar a credibilidade de seu site.

Transforme o seu site na autoridade definitiva no assunto

Um site precisa desempenhar a função de um especialista de confiança: deve estar sempre disponível para resolver seus problemas, sanar dúvidas, oferecer orientação e conselhos.

Na Procter & Gamble, logo no começo nós nos demos conta da importância de criar sites informativos e especializados, quando lançamos um site chamado Beinggirl.com. Esse site, patrocinado pelas marcas Always e Tampax, oferecia conselhos de especialistas em medicina, como a Dra. Iris Prager, que estava disponível para sanar dúvidas de meninas pré-adolescentes a respeito de assuntos mais íntimos. Ao dar respostas profissionais e fáceis de entender a dúvidas que as meninas tinham a respeito de seus corpos, perguntas que muitas delas se sentiam tímidas ou constrangidas demais para fazer a suas amigas ou a seus pais, o site Beinggirl.com acabou se firmando como a autoridade definitiva nessas questões delicadas. E, consequentemente, a Always e a Tampax tiveram um grande aumento na credibilidade e na fidelidade às marcas entre suas consumidoras-alvo.

Você pode até mesmo criar um site que ofereça tanto informações especializadas como a possibilidade de o visitante se divertir com o seu produto. Por exemplo, o sabão em pó Tide firmou o seu site como a autoridade definitiva na eliminação de manchas ao lançar o aplicativo "Stain Detective" ("Detetive de Manchas"), um recurso interativo que respondia às perguntas dos consumidores sobre como eliminar as manchas mais difíceis. Essa ferramenta não era somente divertida; ela de fato se tornou uma fonte de informações bastante útil para os consumidores mais preocupados com manchas e ajudou a marca Tide a se firmar como a autoridade naquela categoria de produto – uma reputação que se espalhou viralmente por meio da CGM.

Se o seu site, porém, não for visto como autoridade em determinado assunto, os consumidores irão buscar informações em outro lugar, e você vai acabar perdendo sua credibilidade – sem mencionar a queda no tráfego. Durante a crise do recall de ração animal, em 2007, foi chocante perceber que poucos consumidores de fato acessavam os sites dos grandes fabricantes em busca de informações. Quando os consumidores falavam sobre o recall, poucos faziam referência aos sites da Purina, da Iams ou da Menu Foods como fontes de conteúdo confiável ou oficial. Isso aconteceu porque esses sites ofereciam somente as informações mais básicas: os nomes das marcas ou dos produtos que estavam fazendo parte do recall. Mesmo quando a história se alastrou nas manchetes e na blogosfera, os sites dessas empresas continuaram iguais, sem oferecer dados atualizados a respeito da causa da contaminação, os ingredientes estragados e a origem dos alimentos contaminados.

Enquanto isso, os sites gerados por consumidores, como o Petconnection.com e o Itchmo.com, adotaram uma postura proativa: entraram em contato com os fabricantes em busca de informações e enviaram alertas instantâneos por e-mail, notificando seus assinantes a respeito das notícias mais recentes sobre o recall – um furo de reportagem que superou até mesmo os veículos mais importantes da mídia. Eles também requisitavam e publicavam dicas dos leitores a respeito do que fazer com um animal de estimação que tivesse ficado doente com a ração contaminada, ou que marcas seriam os substitutos mais seguros para os produtos que fizeram parte do recall. Quando a imprensa identificou a melamina como responsável pela contaminação, esses sites imediatamente publicaram links com informações detalhadas a respeito da substância. Tanto o Itchmo.com quanto o Petconnection.com disponibilizaram podcasts ao vivo da primeira audiência no Congresso sobre o incidente. No fim, esses sites se tornaram as novas fonte de referência sobre segurança na ração animal – com mais autoridade no assunto do que os sites corporativos – e receberam quase 20 vezes mais CGM que todos os sites de fabricantes de ração juntos.

Planeje o seu site de modo que ele seja um canal por meio do qual você pode ouvir o consumidor

Instintivamente, os consumidores supõem que o site de uma empresa seja um canal por meio do qual podem ser ouvidos, mas cabe à empresa corresponder a essa suposição. Como mais consumidores consideram os sites os primeiros pontos de entrada para os chamados "momentos de feedback", os administradores devem usar seus sites como as primeiras ferramentas com as quais respondem aos consumidores ou interagem com eles.

Quer você acredite ou não, o planejamento do site da sua empresa tem grande influência sobre a eficiência do funcionamento dele como canal no qual o consumidor se faz ouvir. É senso comum dizer que quanto mais fácil for para os consumidores achar no site o campo que pede feedback, maior será a probabilidade de que eles o utilizarão. Nesse aspecto, as organizações agem de maneiras totalmente diferentes. Marcas como a Geico e a Gerber espalham convidativos botões "fale conosco" em locais de destaque em seus sites, ao passo que é preciso um verdadeiro caçador de tesouros para achar os antipáticos formulários de feedback no site do McDonald's. O site da sua empresa deve ser desenvolvido tendo isso em mente. Certifique-se de que cada página – não somente a inicial – tenha um link para os formulários de feedback e de que eles sejam intuitivos, fáceis de usar e convidativos.

Existe outra razão óbvia para usar o site corporativo como uma ferramenta para ouvir de maneira ativa o que o consumidor tem a dizer: os sites estão hospedados em servidores, e estes gravam tudo – desde os cliques até a quantidade de acessos aos downloads e palavras de busca. Essa é uma inteligência poderosa que as corporações podem explorar em tempo real para moldar sua estratégia de negócios. E, como descrevi no Capítulo 3, as ferramentas para analisar tal comportamento on-line estão hoje em dia muito mais precisas, fáceis de usar e revelam muitos dados. Eu, por exemplo, uso o FeedBurner, que agora pertence ao Google, para me dizer com precisão milimétrica quantas pessoas assinam o meu blog pessoal, que artigos ou posts leem e o crescimento ou a diminuição do tráfego em determinado período. Saber quais páginas no site da sua empresa geram mais tráfego e visitas, quais posts no blog corporativo originam mais comentários ou quais buscas são feitas com maior frequência pode – e deve – fornecer dados ao processo mais sério de tomada de decisões em toda a organização.

A evolução significativa nas ferramentas de administração de conteúdo pode não apenas dar um vislumbre dos assuntos que os consumidores comentam como também informar quais das suas iniciativas ou seus serviços on-line estão funcionando. Se o seu sistema de reservas on-line, por exemplo, está com cada vez menos tráfego, isso pode ser uma pista de que está na hora de remodelar a interface ou aprimorar o software. Prestar atenção ao rastro digital que as pessoas deixam no site da sua empresa é uma das melhores maneiras de ter certeza de que você está correspondendo às principais necessidades dos seus consumidores.

Portanto, pense no seu site corporativo como um imenso sensor de escuta, altamente mensurável, e faça o possível para planejá-lo de modo que possa usufruir ao máximo dele.

Adote e incorpore a mídia gerada pelo consumidor

Uma das melhores maneiras de ganhar a confiança dos consumidores é incluí-los na conversa. Em um estudo realizado pela Forrester em 2004, que eu ajudei a elaborar, e no estudo subsequente de 2007 feito pela Nielsen Global Trust, as "recomendações de outros consumidores" ocuparam uma posição mais alta em relação à confiança do que qualquer outra forma de comunicação – e o interessante é que isso vale para todo o mundo, da América Latina à Europa, passando pelo Oriente Médio. O fato é que os consumidores sempre confiarão mais na palavra de outros clientes do que na das empresas e dos profissionais de marketing, porque eles são considerados mais objetivos e autênticos. Por sorte, graças às novas tecnologias colaborativas da Web 2.0, os consumidores podem fazer parte da conversa que está ocorrendo exatamente no site da sua empresa. Convidar a mídia gerada pelo cliente para o seu site e incorporá-la nele é uma excelente maneira de cultivar a confiança e dar um impulso na credibilidade.

Em julho de 2007, até mesmo a gigante cadeia de lojas Wal--Mart despertou para a realidade do atual mundo comandado pelo consumidor quando anunciou que iria permitir que seus clientes atribuíssem notas e escrevessem resenhas sobre os produtos no site da empresa. Como declarou a revista *Advertising Age*: "O Wal-Mart está finalmente percebendo que o caminho que leva ao paraíso das vendas on-line passa pelo conteúdo gerado pelo consumidor."[3]

Não faz muito tempo, a Circuit City também passou a convidar seus consumidores a publicar resenhas junto à descrição dos produtos. No começo, seus executivos ficaram bastante relutantes em dar o sinal verde para essa inovação, temendo que as resenhas negativas diminuíssem as vendas. Mas acabaram se dando conta de que incluir os consumidores no diálogo gerava mais credibilidade para seu site como local de compras.

O salto no escuro que eles deram acabou dando certo. Longe de diminuir as vendas, as resenhas passaram a ser vistas como mais confiáveis e autênticas justamente porque eram escritas por outros consumidores, não impostores que se faziam passar por consumidores, publicitários ou profissionais de marketing. Além disso, essas resenhas mais francas davam aos possíveis compradores informações objetivas e importantes bem no momento da compra, o que os ajudava a adquirir produtos com os quais, por fim, ficavam mais satisfeitos. A Circuit City finalmente entendeu que os consumidores fazem pesquisas e comparações antes de comprar e que dão um valor real às opiniões sinceras (às vezes severas) de outras pessoas.

Na verdade, o artigo da *Advertising Age* que citei anteriormente mencionava um estudo recente, que revelou que 75% dos compradores dizem que é de crucial ou grande importância ler as resenhas dos consumidores antes de realizar uma compra, e que 80% dos compradores confiam mais nas marcas que apresentam resenhas. Ao optar por adotar a mídia gerada pelo consumidor na forma de resenhas de produtos nos sites de suas empresas, a Circuit City e o Wal-Mart alavancaram não apenas a confiança e a credibilidade como também aumentaram a quantidade de vendas on-line.

Crie um blog corporativo

Criar um blog para uma empresa ou um produto, se feito de forma adequada, é outra maneira fantástica de estabelecer a confiança dos consumidores. Como os blogs são simples, convenientes e de baixo custo (na verdade, a maioria é gratuita e não exige nenhum conhecimento de linguagem de programação), eles estão rapidamente se tornando um dos meios mais populares de comunicação. Além de servirem como diários pessoais e disseminadores de notícias, podem agir como ferramentas extremamente poderosas de comunicação corporativa; se o blog de uma empresa for aberto, honesto, autêntico, transparente e estiver em sintonia com as tendências dominantes, ele pode melhorar muito tanto a experiência do usuário quanto a credibilidade do site corporativo.

Os blogs corporativos devem utilizar todas as ferramentas da Web 2.0 disponíveis, o que inclui podcasts, videocasts e ferramentas de medição do site. Os que têm mais credibilidade incluem uma política de privacidade franca, definições claras sobre quais comportamentos do usuário são considerados aceitáveis (incluindo diretrizes para deixar comentários) e um fluxo constante de conteúdo dinâmico e interessante. Se o conteúdo for composto somente por um conjunto requentado de press releases corporativos ou notícias da empresa, tão esterilizado a ponto de não apresentar qualquer sinal de vida, os leitores ficarão entediados e não irão acessá-lo com frequência. No entanto, um blog corporativo que seja livre ou "extrovertido" demais pode correr o risco de ser considerado sem foco. É preciso encontrar o difícil equilíbrio entre ser informativo e interessante e ao mesmo tempo não se distanciar demais da mensagem que deseja passar.

O blog Fastlane, criado pela General Motors – uma das primeiras companhias do setor automotivo a recorrer a essa forma de comunicação –, conseguiu dar uma cara totalmente nova à empresa. Nele, uma grande variedade de executivos e funcionários da GM, entre os quais até o vice-presidente Bob Lutz, debatem assuntos como design e desenvolvimento de modelos de veículos atuais e futuros, explicam a política da montadora a respeito de questões importantes, tais como economia e preços do combustível, oferecem relatos dos bastidores a respeito de recentes mostras ou exposições de carros e respondem a perguntas enviadas pelos consumidores. Seus comentários são agradavelmente abertos e francos; na verdade, num comentário recente a respeito do conceito de um novo veículo movido a eletricidade, o Chevrolet Volt, Lutz escreveu o seguinte: "Planejamos deixar todos a par do nosso progresso e discutir de maneira aberta e transparente os obstáculos tecnológicos, de engenharia e de design que enfrentamos."

Apesar de todos os percalços, a Dell também aprendeu o valor de utilizar um blog para promover a transparência. Em julho de 2006, lançou o Direct2Dell.com, um blog que dizia "dar à empresa uma voz humana confiável e franca". Embora a maioria dos sites de marca dificilmente mencione problemas com seus produtos, o blog corporativo da Dell tem mais de 10 textos que fazem referência a recalls. Esse fator chamou muita atenção, gerando, no fim das contas, mais comentários por tópico do que qualquer outro grande blog corporativo. Ao usá-lo para lidar com assuntos que em geral ficariam escondidos debaixo do tapete, a Dell deu os primeiros passos para recuperar sua reputação, após o escândalo com Jeff Jarvis. E funcionou. Tanto que, de fato, apenas um ano depois de seu lançamento, a satisfação dos consumidores com a marca Dell pulou de 58% para 74%. Além disso, graças ao blog, quando você faz uma busca por "Dell" no Google, alguns dos resultados contra a fabricante de computadores foram substituídos por resultados mais positivos.

Outro exemplo de empresa que utiliza o blog corporativo de modo eficaz para expressar os valores, o foco e a missão da organização, de uma maneira bastante verdadeira e transparente, é a Stonyfield Farm, produtora de iogurtes e laticínios. Escrito por um dos criadores de gado que fornece o leite utilizado nos produtos da companhia, o blog The Bovine Bugle oferece aos visitantes uma perspectiva informativa e autêntica a respeito da agricultura sustentável e da fabricação de produtos orgânicos. E já que os pais, obviamente, estão interessados nos benefícios para a saúde que os produtos da Stonyfield Farm podem trazer, a empresa criou um blog exclusivamente para eles "se reunirem, reclamarem, darem e receberem conselhos, ou simplesmente nos informarem a respeito de suas experiências e conquistas".

O blog corporativo também pode ser utilizado para ajudar a reforçar os laços emocionais com a sua empresa ou marca. A Southwest Airlines, por exemplo, incentiva os funcionários a escreverem no blog não apenas sobre assuntos corporativos como também a respeito de suas vidas pessoais. Um comentário bastante comovente, por exemplo, descrevia a viagem de uma funcionária que voou pela Southwest para comparecer ao casamento de uma amiga que não encontrava havia anos. Há também o relato detalhado de uma viagem, feito por uma comissária de bordo, dando aos leitores uma boa ideia dos sacrifícios feitos pelos funcionários ao executar seu trabalho.

O blog é um excelente reflexo dos principais valores da companhia áerea e também uma maneira de fazer negócios. Na última viagem que fiz pela Southwest, os passageiros podem ter ficado apertados feito sardinhas em lata, mas os funcionários se mostraram mestres em transformar o voo em uma experiência tolerável e agradável, e o blog é prova disso.

Os blogs corporativos não precisam ser todos parecidos em sua abordagem. É possível usar as ferramentas de blogs para criar recursos interativos e divertidos ou para apresentar informações sobre futuros eventos ou promoções. A Netflix, locadora de filmes on-line, por exemplo, usa o recurso de calendário público para anunciar os lançamentos mais esperados.

Primeiro identifique o propósito do blog e depois faça um brainstorming de ideias criativas para saber como você pode tornar tal propósito realidade. Por fim, certifique-se de que o seu conteúdo seja constantemente atualizado, interessante e relevante para as necessidades sempre mutáveis dos consumidores. Pense no seu blog corporativo como um veículo para aumentar a fidelidade e celebrar a sua empresa e a sua marca.

Proporcione a sensação de comunidade

Outra excelente maneira de que as empresas dispõem para aumentar a confiança e a fidelidade dos consumidores por meio de seus sites é a criação de comunidades e redes sociais on-line. Isso não significa simplesmente criar uma página para a companhia no Facebook ou no MySpace (embora também possa ser uma estratégia de marketing eficaz), mas de fato criar uma comunidade no próprio site da sua empresa.

Essa medida é eficaz por diversos motivos. Em primeiro lugar, visto que as redes sociais e as comunidades virtuais não são hierárquicas, elas promovem diálogos autênticos e genuínos nos quais os consumidores e as empresas falam de igual para igual. É preciso lembrar que: no mundo on-line as organizações não estão mais no controle; hoje em dia, os relacionamentos entre as empresas e os consumidores devem se basear no respeito mútuo e numa comunicação de mão dupla. Em segundo lugar, convidar os consumidores para se juntar às suas redes proporciona às empresas uma excelente posição da qual podem observar (e até mesmo participar de) discussões honestas entre os consumidores, em tempo real. E, finalmente, as redes sociais e as comunidades virtuais são plataformas divertidas para a participação e o envolvimento do consumidor, o que, como mencionei antes, serve para gerar mais fidelidade e reforçar os laços emocionais.

A empresa de serviços financeiros Intuit tornou seu site mais propício a conversas – e, portanto, mais útil para o consumidor – por meio das comunidades virtuais. Nos últimos anos, a companhia vem abrigando quatro grandes comunidades que contam com mais de 150 mil membros. Uma delas, a JumpUp, é bastante popular entre empreendedores e aspirantes a empresários e permite aos integrantes configurar perfis parecidos com aqueles existentes no MySpace ou em outras redes sociais a fim de compartilhar conselhos e informações com os membros de setores ou localidades semelhantes.

"Nosso objetivo é montar uma infraestrutura para ajudar os pequenos empresários a solucionar suas dúvidas com o auxílio de outros usuários", explicou Scott Wilder, da Intuit. "Nosso site comunitário é uma excelente maneira de saber de que elementos as pequenas empresas precisam." Em outras palavras, esse nicho comunitário não apenas facilita o compartilhamento de informações como também oferece à Intuit uma ferramenta de pesquisa de mercado de grande valor. Sob vários aspectos, o foco da organização na comunidade é uma extensão da iniciativa "follow-me-home" ("siga-me até minha casa") de seu fundador, Scott Cook. Nos primórdios da empresa, Cook pediu aos gerentes de produto para seguirem, quase que literalmente, os consumidores até suas casas (com a permissão deles, é claro) e observar como usavam os produtos Intuit. Do mesmo modo, ao prestar atenção ao fluxo de conversas e comentários e ao feedback em suas redes sociais, a Intuit obtém informações em primeira mão que a ajudam a aprimorar seus produtos.

A Nike também fortaleceu o relacionamento com seus consumidores ao criar redes sociais on-line. E, como essas comunidades virtuais são dedicadas a esportes específicos e não a produtos, elas são consideradas mais genuínas e autênticas, o que gera mais entusiasmo, porque elas exploram a paixão dos fãs por seus jogos favoritos. Por exemplo, na comunidade on-line de corrida, a Nike+, os entusiastas do esporte em todo o mundo podem desafiar uns aos outros para competições, mapear as corridas, trocar recomendações de músicas e até mesmo baixar a seleção musical uns dos outros. E isso não apenas aumentou muito o envolvimento do consumidor como também as vendas – a revista *BusinessWeek* relatou que, de acordo com o vice-presidente global de gestão de marca, 40% das pessoas que participam da comunidade Nike+ acabam utilizando produtos da companhia.[4]

Outro exemplo de uma empresa que atraiu seguidores numa rede social é a Turner Broadcasting, que lançou uma rede chamada SuperDeluxe.com. Por intermédio dessa comunidade, os fãs podem postar videoclipes e curtas-metragens originais, compartilhar informações a respeito dos artistas e conversar sobre sua programação favorita. O site ajudou a reforçar laços com os telespectadores existentes e atrair novos. Afinal de contas, o que poderia ter mais credibilidade do que um ambiente no qual os fãs do produto participam de conversas abertas, honestas e autênticas?

Em suma, um site corporativo que tenha credibilidade irá obter recompensas fantásticas com a mídia gerada pelo consumidor. Então, independentemente da área de atuação da sua empresa, definir a estratégia do seu site e implementá-la de maneira adequada deve ser prioridade, por motivos óbvios.

Capítulo 6

O controle de qualidade da sua empresa: a credibilidade do seu produto

Eu soube que as empresas estavam entrando num admirável mundo novo quando a Procter & Gamble lançou no mercado o seu novo produto à base de olestra, o Olean, um óleo não calórico que levou 30 anos para ser desenvolvido. No entanto, apesar de todo o burburinho criado e toda a expectativa sobre o novo e excitante produto, a P&G tinha um sério problema: o Olean estava sendo massacrado por grupos ativistas como o Center for Science in the Public Interest (CSPI), que declarava que o óleo provocava efeitos colaterais pouco seguros, para não dizer desagradáveis, como cólicas abdominais e diarreia.

Infelizmente para a P&G, o CSPI publicou essa informação danosa em seu site e depois a transmitiu aos grupos de defesa da saúde e de consumidores em toda a web. As comunidades virtuais logo se aproveitaram dessa revelação e passaram a zombar do termo *vazamento retal*, e os meios de comunicação tradicionais passaram a apoiar o CSPI. E, embora a P&G cumprisse as exigências que a Food and Drug Administration estabelece para os rótulos dos produtos, fizesse o possível para ser transparente a respeito dos problemas documentados causados pelo consumo de Olean/olestra e passasse um tempo considerável respondendo às afirmações quase ininterruptas do CSPI, o fato é que o Olean fracassou em corresponder às expectativas dos consumidores também em diversas outras áreas, principalmente na questão do paladar: o gosto era desagradável e o preço, alto demais. Consequentemente, em cerca de três anos as vendas caíram vertiginosamente, de US$ 400 milhões para US$ 200 milhões.

Por outro lado, quando a Procter & Gamble lançou o Febreze como uma maneira de eliminar odores (ao contrário dos purificadores de ar, o Febreze é um removedor de odores em spray que pode ser usado em animais de estimação, carros e outros lugares que não a sua residência), ele foi considerado um produto inovador. Por essa razão, gerou muitos comentários on-line – grande parte deles de pais e donas de casa que tinham experimentado ou estavam curiosos para testar o novo produto. No começo, essas conversas ajudaram a criar e impulsionar uma atenção positiva para a marca. Mas logo essa mesma rede começou a fazer circular uma série de boatos infundados, como a alegação de que o Febreze era tóxico para animais. Apesar de toda a publicidade negativa, ele manteve sua credibilidade como um produto confiável porque a estratégia de comunicação transparente e direta da P&G lidou com as informações falsas e controlou o burburinho negativo.

Hoje em dia, o Febreze continua a ser um dos produtos de maior sucesso da empresa, com inúmeros derivados. Não há dúvida de que o fato de os boatos relativos a ele serem falsos – em oposição aos problemas do Olean, que eram bastante reais – contribuiu para a P&G controlar a publicidade negativa e transformá-lo em sucesso de vendas.

Em todos os anos que me dediquei a estudar empresas e marcas, havia sempre uma verdade incontestável: as melhores marcas e os melhores produtos são os que se beneficiam mais da mídia gerada pelo consumidor. Pode parecer óbvio, mas, se você não consegue fazer isso direito, os consumidores não apenas deixarão de comprar o seu produto como também irão trucidá-lo com comentários negativos por toda a web. A regra para o desempenho do produto se aplica a todas as categorias, desde automóveis a produtos eletrônicos, passando por itens domésticos comuns, como sabão ou fraldas. Se o produto ou o serviço tiver um desempenho abaixo do esperado, os criadores da CGM não hesitarão em espalhar a notícia. Inversamente, os melhores produtos podem inspirar uma quantidade incrível de propaganda e publicidade gratuitas.

Na verdade, o estudo da Nielsen realizado em 2007, mencionado anteriormente, com quase 70 mil grupos de discussão de consumidores revelou que a "experiência do produto" é o principal motivador para a criação da mídia gerada pelo consumidor: quase 55% dos consumidores determinados a serem "porta-vozes" ativos – ou criadores da CGM – afirmaram que gostar de um produto era o principal fator de motivação para "publicar conteúdo num site, blog ou fórum de mensagens".

Intuitivamente, isso faz sentido. Por que os consumidores se aliariam a uma marca que não alcança os resultados divulgados? E, se você tem uma excelente marca ou produto, os consumidores *desejarão* recomendá-los a outras pessoas. A experiência com a marca, portanto, é um contexto genuíno e de credibilidade para o diálogo entre os consumidores. Esse é um dos motivos por que, apesar de seus detratores, a Starbucks continua a ter credibilidade – as pessoas simplesmente gostam do café que ela produz.

Muitas empresas estão em vantagem competitiva graças a defensores dedicados de seus produtos. As vendas do Playstation da Sony dispararam depois que resenhas extremamente detalhadas feitas por consumidores surgiram on-line. As vendas do Lexus aumentaram porque os compradores desse carro de luxo também são extremamente efusivos nos comentários que deixam em fóruns virtuais. Até mesmo companhias de seguro-saúde obtiveram bons resultados depois que pacientes relataram em blogs as boas experiências que tiveram com seus serviços.

É claro que esse ambiente pode ser igualmente implacável com os produtos que apresentam falhas, já que os consumidores que escrevem as resenhas tendem a ser mais atentos e determinados a desmascarar os problemas. Além disso, consumidores insatisfeitos muitas vezes são os que costumam demonstrar sua opinião com mais frequência e os mais motivados a alertar os outros.

Como exemplo, vejamos o caso de Charlene Blake. Ela causou um grande alvoroço a respeito do óleo que se solidificava no motor dos veículos Toyota quando deu início a um abaixo-assinado de donos de automóveis dessa montadora japonesa. Embora não fique claro quantos outros proprietários de carros da marca passaram a apoiá-la, Charlene se tornou quase onipresente nos principais blogs e fóruns de discussão sobre automóveis, e seus comentários a respeito da qualidade dos veículos da Toyota são bastante detalhistas.

Seria Charlene uma consumidora típica? Provavelmente não. Será que ela tem uma influência desproporcional na internet? Se os resultados do Google servem de indicação, a resposta é um retumbante "sim". Quando se faz uma busca com os termos "*Charlene Blake and Toyota*", mais de 50 mil resultados aparecem.

Numa pesquisa do PlanetFeedback, quase 84% dos consumidores afirmaram que o desempenho do produto era o fator mais importante para a credibilidade de uma empresa. Como gostamos de dizer, se o produto fracassa, o consumidor se queixa e expressa seu descontentamento a outras pessoas. No entanto, se o produto for um sucesso, o consumidor vibra – e bem alto, com orgulho.

É por isso que criar um produto de alta qualidade no qual os consumidores podem confiar desde o começo é tão importante e fundamental para cultivar e proteger a sua credibilidade. Veja como.

Certifique-se de que os seus produtos cumprem o que prometem

Em última análise, a promessa fundamental de uma empresa é o seu produto. E, nessa era em que é o consumidor que exerce o controle, as organizações precisam se esforçar ainda mais para cumprir esse compromisso, porque, se o seu produto não corresponde às afirmações feitas sobre ele, o mundo irá descobrir.

A Apple é uma empresa que desfruta de um nível incrivelmente alto de credibilidade porque seus produtos alcançam os resultados esperados – e um pouco mais. Se você ler o rastro digital deixado pelos comentários dos consumidores, vai descobrir que os produtos da Apple são constantemente elogiados por seu excelente desempenho, criatividade, design elegante, etc. O resultado é um nível extremamente alto de fidelidade à marca e "evangelização" por parte dos consumidores. Um Conjunto de Indicadores de Pesquisa para Marcas Tecnológicas, elaborado pela Forrester em 2005, descobriu que, na opinião de 15 mil entrevistados, a Apple era a marca que inspirava mais confiança; em 2007, o Reputation Institute colocou a Apple entre as marcas pelas quais o consumidor tinha mais fidelidade e apreço. Mas, provavelmente, você nem precisava de um estudo para saber disso – basta pensar em quantas pessoas já viu usando um Mac ou ouvindo música num iPod na última semana.

A característica especial dos produtos da Apple é que eles têm tanto a ver com experiência quanto com tecnologia. Numa pesquisa realizada em 2006, a Apple foi considerada a melhor marca para se comprar diretamente do fabricante e também a melhor loja física. Com um design sofisticado, dispositivos de alta tecnologia em exposição e funcionários que entendem muito de computadores, a experiência do usuário numa loja da Apple é realmente impressionante. E, quando os consumidores descrevem essa experiência, estão elogiando não só uma loja, e sim, em maior escala, todos os produtos da marca. No encalço do tremendo sucesso da Apple em agregar experiências de compra agradáveis a seus produtos, outros grandes nomes do setor de eletrônicos – da Sony à Samsung – já começam a repensar o ambiente que criam nos pontos de venda.

Quando a credibilidade da sua empresa está em jogo, uma verdade reina absoluta: se um produto não faz aquilo que se espera que ele faça, nenhuma jogada de marketing ou de relações públicas, por mais sofisticada que seja, pode compensar isso. Os seus produtos precisam funcionar – e o ideal é que possam também impressionar. Se você der uma olhada na intricada rede de comentários on-line a respeito de qualquer produto, verá que sua eficiência – ou a falta dela – é o pilar da mídia gerada pelo consumidor.

Seja totalmente transparente a respeito de tudo relacionado ao seu produto

Em 2007, o Public Citizen, grupo de defesa sem fins lucrativos, colocou vários vídeos no YouTube salientando alguns dos perigos do desogestrel, a nova substância anticoncepcional que poderia dobrar o risco de trombose. É claro que muitos medicamentos provocam efeitos colaterais; no entanto, a Organon, a fabricante da droga, cometeu o grande erro de não revelar os possíveis riscos em suas propagandas e em seu site. Essa omissão levou a exames detalhados e exposição por parte do Public Citizen e outros grupos de defesa, causando pânico entre mulheres em idade fértil nos Estados Unidos. Ao deixar de ser transparente sobre os riscos, a Organon permitiu que o Public Citizen tivesse controle sobre a história.

Se você digitar "desogestrel" na Wikipedia em inglês, verá uma definição e fontes que dão uma cobertura desproporcional às descobertas feitas pelo Public Citizen. Na verdade, o único link na seção "References" direciona o internauta à petição feita por essa organização. Além disso, se você digitar o nome do produto no Google, verá uma enorme quantidade de resultados negativos, incluindo aqueles divulgados pelo grupo de defesa. Se a Organon tivesse sido mais transparente no começo, ela poderia ter lidado com as preocupações dos consumidores e sanado suas dúvidas; mas, como a empresa resolveu não se pronunciar, os consumidores só conseguiam imaginar que outros riscos ela poderia estar escondendo.

Não faz muito tempo, os fabricantes de ração animal em toda a América do Norte aprenderam a lição de ser mais transparentes em relação a seus produtos. Em março de 2007, depois que centenas de animais de estimação ficaram doentes ou morreram em decorrência da contaminação da ração por uma substância misteriosa, grandes fabricantes como a Menu Foods, sediada no Canadá, e a Iams, da Procter & Gamble, ficaram sob a mira do público e foram forçadas a retirar do mercado centenas de produtos.

Mas o episódio não acabou por aí. Quando se descobriu que as mortes foram causadas por glúten importado da China, onde as fábricas misturavam a substância química melamina a diversos alimentos e aditivos alimentares que eram habitualmente exportados para os Estados Unidos e o Canadá, a preocupação dos consumidores com as rações aumentou de maneira significativa e se transformou em pânico generalizado. Todos passaram a se preocupar com a segurança de alimentos para consumo humano, muitos dos quais são importados das mesmíssimas fábricas chinesas. À medida que a história se espalhava, durante vários meses, pelas manchetes – tanto dentro quanto fora da web –, mais e mais fornecedores foram acusados por importarem produtos de qualidade duvidosa, e um escândalo ainda maior se disseminou pela internet.

Esse incidente intensificou a pressão para que os fornecedores sejam mais transparentes a respeito de seus produtos e sobre sua origem – a Menu Foods, por exemplo, perdeu mais de US$ 45 milhões em centenas de produtos retirados das prateleiras e ainda enfrenta inúmeros processos movidos pela população. Antes do incidente, a maioria dos compradores de marcas como Iams e Purina supunha que os ingredientes desses produtos provinham de fontes seguras, inspecionadas pelo governo, e ficaram chocados ao descobrir que não era bem assim (na verdade, somente 1% dos produtos alimentícios importados são examinados pelos inspetores da FDA). Depois desse escândalo, os produtos alimentícios passaram a ser inspecionados bem às vistas do público, e as empresas que não revelam por completo informações a respeito dos fornecedores em suas embalagens estão sendo massacradas pela mídia gerada pelo consumidor.

Quer sua companhia venda ração animal, fabrique software ou forneça serviços financeiros, é crucial que ela seja 100% transparente, não apenas em relação ao produto final, mas também em relação a tudo o que o compõe. Isso significa revelar a origem de todas as matérias-primas, os ingredientes ou partes; identificar todos os fabricantes e fornecedores; e ser franco quanto a políticas e práticas de trabalho em todas as fábricas, complexos, lojas ou escritórios.

A Nike aprendeu, a duras penas, a importância de ser transparente em tudo o que diz respeito à fabricação de seus populares artigos e calçados esportivos. De fato, durante anos a credibilidade da empresa foi duramente criticada por relatos de que ela explorava a mão de obra em fábricas com péssimas condições de trabalho. Embora a Nike sempre tivesse um alto número de vendas, as dúvidas generalizadas, a desconfiança e as críticas da sua falta de responsabilidade social sem dúvida acabaram por prejudicar a companhia. Uma análise da mídia gerada pelo consumidor para a marca revelou que, assim que histórias a respeito das práticas irresponsáveis de trabalho da Nike passaram a circular na internet, elas se multiplicaram rapidamente, à medida que os críticos da empresa encontravam mais canais e mais audiência. Consequentemente, quando os consumidores (ou repórteres) faziam uma busca por "Nike" no Google, lembretes das práticas condenáveis da empresa inevitavelmente apareciam como os primeiros resultados.

Em vez de esconder informações do público, porém, a Nike assumiu o risco e lidou com o problema de maneira decisiva, ao publicar na web todas as informações sobre seus fornecedores. A lógica era que, com livre acesso a essa informação, os consumidores veriam que a Nike era franca a respeito de suas práticas e estava tomando providências para ser mais responsável socialmente. Essa decisão teve grande impacto na recuperação de sua credibilidade, detendo a avalanche de mídia negativa gerada pelo consumidor a respeito da corporação.

Responsabilize-se pelas falhas do seu produto

Só ser franco a respeito do seu produto não é suficiente. Caso ele fracasse ou apresente falhas, cabe a você lidar com isso. No mundo de hoje, impulsionado pelo consumidor, não existe credibilidade sem que as empresas assumam a responsabilidade.

Vejamos, por exemplo, o incidente do brinquedo Thomas the Tank Engine nos Estados Unidos. Os acontecimentos foram semelhantes aos do escândalo da ração animal: quando se descobriu que as fábricas chinesas estavam usando tinta tóxica à base de chumbo nesse popular brinquedo, a RC2, a empresa fabricante, por sua própria iniciativa fez um recall de 1,5 milhão de brinquedos e partes. No entanto, essa resposta não foi suficiente para restringir a avalanche de mídia negativa gerada pelo consumidor que logo passou a circular a respeito da marca. Com exceção de um breve press release, a RC2 falhou em entrar em contato com o público: não respondeu às cartas, ligações ou reclamações de pais preocupados naquele país, se recusou a conceder entrevistas e deu somente respostas vagas quando questionada sobre o motivo de levar tanto tempo para descobrir qual era o elemento que oferecia risco à saúde.

Além disso, para aumentar a ira de seus consumidores já revoltados, a RC2 se recusava a cobrir os custos de envio até a fábrica dos brinquedos que fizeram parte do recall; embora no fim a empresa tenha cedido, sob pressão, essa concessão veio um pouco tarde demais e não adiantou muito para reconquistar a simpatia do público. Por causa do modo desastrado com que a RC2 lidou com a situação, um produto que já foi considerado um brinquedo salutar, inofensivo e até educativo agora é visto com suspeita e desconfiança.

Quando a Mattel percebeu, em setembro de 2006, que estava no meio de um escândalo de recall estranhamente semelhante, ela controlou bem melhor a tempestade. Quando foi forçada a fazer um recall de 19 milhões de brinquedos pintados com tinta à base de chumbo (o maior recall da história da empresa), seu presidente, Robert A. Eckert, imediatamente divulgou ao público um vídeo em que pedia desculpas e assumia o compromisso de que iria tomar providências imediatas para que brinquedos perigosos nunca mais chegassem aos consumidores. A Mattel então passou a implementar um sistema de checagem tripla – daquele ponto em diante, todas as tintas seriam submetidas a teste para determinar se continham chumbo. Ela divulgou que inspeções e checagens imediatas seriam realizadas sem aviso prévio em cada etapa do processo de fabricação, e cada lote dos brinquedos finalizados seria verificado e testado. Ou seja, a Mattel se empenhou verdadeiramente em mostrar aos consumidores que a segurança das crianças era sua prioridade – e muitos consumidores acreditaram.

O aspecto mais notável sobre o modo como a Mattel administrou a crise é que ela se inspirou nas táticas da mídia gerada pelo consumidor para transmitir seu posicionamento. Como já deixou claro o YouTube, e até a televisão, o vídeo talvez seja o meio que mais gera emoções. Portanto, ao se colocar diante de uma câmera e gravar um vídeo para se comunicar rapidamente com os consumidores preocupados com a crise, Eckert foi visto como uma pessoa mais autêntica e confiável do que se ele tivesse tratado do problema com uma declaração por escrito.

A verdade é que, hoje em dia, as empresas precisam prestar atenção naquilo que preocupa seus consumidores – principalmente quando essas preocupações têm a ver com a segurança de seus animais de estimação ou de crianças pequenas – e se responsabilizar e prestar contas de tudo o que der errado. Lembre-se: a reputação da companhia depende do que as pessoas pensam dos seus produtos – portanto, se eles não forem confiáveis, ela está com sérios problemas.

Capítulo 7

Sem escapatória: a credibilidade e o presidente da organização

Em julho de 2007, veio a público a notícia de que o presidente da Whole Foods Market, John Mackey, publicou mais de mil comentários sob falsa identidade em um fórum de discussão do Yahoo!, a maioria deles ataques a um revendedor de alimentos orgânicos concorrente. Quando a história vazou, os consumidores ficaram revoltados. Como é possível, as pessoas se perguntavam, que um executivo da Whole Foods, tão comprometido com causas autênticas como agricultura orgânica, desenvolvimento sustentável e responsabilidade social, se comporte de maneira tão pouco verdadeira? O burburinho negativo repercutiu por toda a web e também nos meios de comunicação tradicionais, e as consequências foram sentidas pelas centenas de milhares de funcionários em todas as 196 lojas da empresa – tudo por causa do comportamento desonesto de um único executivo.

O presidente de uma organização é seu porta-voz que detém mais visibilidade. Ele é, no fim das contas, a figura considerada responsável pelos produtos ou pelo desempenho da empresa, portanto o que ele declara, afirma ou promete precisa ser verdade. Se os consumidores descobrem dados ou provas que contradizem aquilo que ele diz, haverá uma grande reação adversa de mídia negativa gerada pelo consumidor, e isso irá afetar todas as pessoas dentro da companhia.

Hoje, cada vez mais o presidente da empresa é responsável tanto pela imagem corporativa quanto pela história não oficial. Como vimos, os sites de mídia social, os vídeos gerados por usuários e os blogs espalham informações não oficiais a respeito das organizações, e os consumidores assimilam e internalizam tais informações tanto quanto, se não mais, as que provêm da própria companhia. Além disso, os repórteres agora se baseiam em fontes de mídia gerada pelo consumidor para se informar a respeito das empresas ou de seus produtos, e disseminam essas informações por intermédio dos meios tradicionais de imprensa, TV ou rádio.

Os presidentes das corporações precisam confrontar essa nova e fundamental realidade. Eles são cruciais para a imagem da empresa, mas muitas vezes o que dizem entra em contradição ou é prejudicado por outras informações. O presidente pode exibir com orgulho um estudo de satisfação do consumidor ou um prêmio que mostra quanto a companhia está focada na fidelidade do consumidor, por exemplo, ao passo que um blogueiro pode revelar um verdadeiro tesouro de comentários feitos por consumidores que sugerem exatamente o oposto. Ou o presidente pode afirmar o compromisso da empresa com tecnologias que não agridem o meio ambiente, porém um vídeo no YouTube mostra um caminhão da companhia despejando resíduos não biodegradáveis num aterro sanitário. Ou então o presidente pode declarar que os funcionários são felizes e motivados, mas nos comentários que escreve em seu próprio blog um funcionário sugere que o moral está em baixa e que toda a empresa está um caos.

Agora, graças à mídia gerada pelo consumidor, as perguntas a respeito da organização estão vindo à tona mais rapidamente do que antes, criando novos desafios e frustrações para os presidentes, que tentam controlar e dar forma às mensagens que suas empresas transmitem. Na Nielsen, muitas vezes deparamos com ocasiões em que o presidente ou executivo sênior foi pego de surpresa por uma questão fora do comum formulada com base em um post altamente revelador, em um blog ou outro lugar da web. Hoje em dia, essa figura fundamental simplesmente não pode se dar ao luxo de estar fora de sincronia com os comentários externos.

O Quadrante da Credibilidade

O Quadrante da Credibilidade é uma ferramenta que ajuda os executivos a melhor compreender o impacto que decisões e investimentos em toda a organização têm sobre a mídia gerada pelo consumidor. O gráfico da página 136 mapeia estratégias de marketing de acordo com a confiabilidade e aceitação das empresas aos olhos dos consumidores, assim como o nível de controle que têm sobre seu conteúdo.

As companhias que investem recursos em estratégias que figuram no canto superior direito do quadrante são recompensadas com o máximo de mídia favorável por parte do consumidor. Essas são as táticas e estratégias que possuem alta credibilidade e sobre as quais a empresa tem um grande nível de controle. É possível atestar que elas incluem fundamentos e processos de negociação como qualidade de produto, atendimento ao consumidor e comportamento dos funcionários, em vez de táticas que criam burburinho sobre o qual a companhia têm pouco controle. Por isso é importante para as empresas prestar contas aos consumidores de todas as atividades.

É claro que o Quadrante da Credibilidade não é um modelo que se aplica a todos os casos. Ele pode ter aparência totalmente diferente quando aplicado a setores distintos. No de eletrônicos, os assuntos relacionados ao consumidor ou ao suporte técnico podem ter um impacto maior na credibilidade. Nos segmentos de produtos para o lar ou de medicamentos, a propaganda na televisão tem maior importância. O presidente da organização deve compreender o grau em que cada aspecto das suas estratégias de negócio e táticas de marketing influencia a credibilidade.

USANDO O QUADRANTE DA CREDIBILIDADE

O que recomendamos, então, aos presidentes? O primeiro passo é olhar o Quadrante da Credibilidade e se fazer as seguintes perguntas:

- O que impulsiona a conversa sobre a minha empresa e, portanto, sua reputação?
- Que maneiras de dar formato ao fluxo e ao teor da mídia gerada pelo consumidor estão ao meu alcance e sobre as quais tenho controle?

O Quadrante da Credibilidade

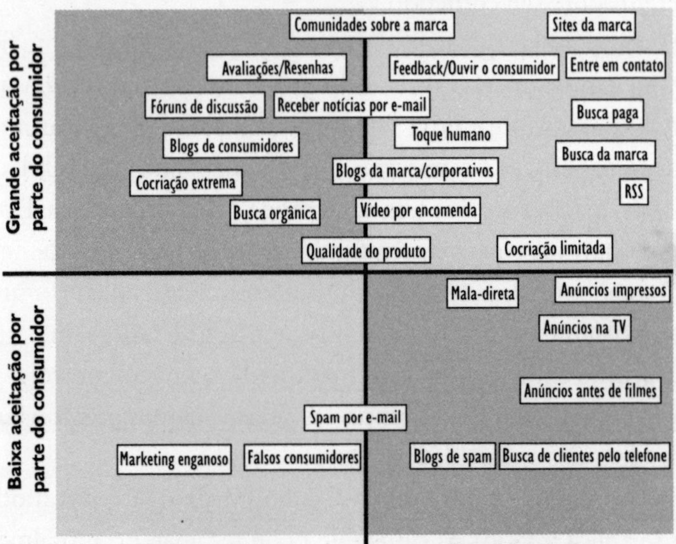

- Que departamentos ou divisões da minha empresa estão envolvidos na mídia gerada pelo consumidor?
- Que políticas, prioridades ou decisões estão envolvidas na mídia gerada pelo consumidor?
- Até que ponto a conversa gerada desafia, refuta ou reforça a minha mensagem aos consumidores?
- Que estratégias específicas e processos de negociação devem ser iniciados para criar credibilidade a longo prazo?

O presidente pode ser a única pessoa capaz de responder a essas perguntas *e* coordenar a integração entre os diversos ramos da organização, como assuntos relacionados ao consumidor e marketing, ou TI e vendas on-line. Consequentemente, muitas vezes é responsabilidade do executivo principal abordar as questões que se situam na parte superior direita do quadrante. Mas, para fazer isso, os executivos precisam se alimentar do fluxo de feedback.

O presidente e o fluxo de feedback

O presidente da empresa precisa determinar a filosofia geral da organização para responder ao feedback dos consumidores. Isso requer montar um cenário para o modo como o processo de escuta irá se adaptar às formas mais recentes e virais de expressão, como vídeo, áudio ou canais multimídia. O fluxo de feedback pode ser usado como ponto de entrada para dar forma a um modelo de marketing fundamentalmente novo? Será que ele fornece informações relevantes para melhorar a eficiência e as operações? Ele lança luz sobre novas fontes de valor para a corporação? O presidente deve estar comprometido a fazer o possível para que a empresa possa responder "sim" com segurança a todas essas perguntas.

Embora, no fim das contas, a responsabilidade por supervisionar a mídia gerada pelo consumidor de uma empresa (seja diretamente ou por uma firma contratada) deva ser do presidente, não há motivos por que ele não possa delegar o monitoramento a um funcionário de confiança. Na Toyota, por exemplo, existe um cargo executivo intitulado Gerente Corporativo de Mídia Gerada pelo Consumidor (ocupado por Bruce Ertmann). Numa era em que é tão importante saber a quantas anda a CGM, desempenhar tal papel na organização deve se tornar cada vez mais comum.

Um forte compromisso com ouvir o que os consumidores têm a dizer e com agir prontamente deve vir direto do presidente e ser a essência da missão da empresa. Os executivos devem reconhecer a importância de medir a mídia gerada pelo consumidor e fazer o possível para que todos os grupos dentro da organização reajam aos dados e os apliquem de maneira adequada. Quando a Toyota Motor Sales, por exemplo, contratou a Nielsen para analisar a CGM para o grupo de engenharia, os executivos seniores logo descobriram que a informação era igualmente útil para outras divisões, incluindo as de relações públicas, marketing, propaganda e relações institucionais. Em casos como esse, é de responsabilidade do executivo principal fazer o possível para que essa informação alcance todas as divisões de relevância.

Presidentes que adotam o megafone do consumidor

Assim como os profissionais de marketing refletem o comportamento do consumidor ao dar início a blogs corporativos semelhantes a blogs de consumidores, os presidentes podem explorar as técnicas de comunicação dos consumidores. Os líderes das corporações também se aproveitam de sites de redes sociais como Facebook, LinkedIn e Ecademy para entrar em contato com colegas e outros profissionais. Esses sites geram entusiasmo e envolvimento por parte do consumidor e também servem de incubadores de ideias comuns a pessoas que pensam de maneira semelhante.

Bill Marriott, o presidente da Marriott International, por exemplo, não apenas escreve no blog corporativo da sua empresa como também se dá o trabalho de disponibilizar uma versão em áudio de seus comentários. Seu blog é bastante interessante: ele não utiliza a linguagem corporativa ao comentar sobre o que acontece nos bastidores da empresa. Muitas vezes, as notícias a respeito das organizações aparecem primeiro nos meios de comunicação tradicionais e depois no blog da empresa, mas esse não é o caso da Marriott. Um anúncio do compromisso da Marriott Hotels em construir 20 hotéis com a marca Nickelodeon em todo o mundo, por exemplo, foi divulgado no blog corporativo de Bill Marriott exatamente no mesmo dia em que os outros veículos de comunicação o publicaram.

Ou então considere o exemplo de David Neeleman, ex-presidente da JetBlue Airways, um dos primeiros executivos de uma empresa de grande porte a usar uma plataforma multimídia gerada pelo consumidor para se comunicar com os clientes. Tendo de enfrentar uma crise de proporções inigualáveis quando milhares de passageiros ficaram presos dentro dos aviões na pista de decolagem por mais de seis horas durante uma tempestade de neve, Neeleman gravou um pedido de desculpas público e o disponibilizou no YouTube.

As agências publicitárias conseguem, com muito esforço, até 10 mil acessos a um comercial no YouTube, ao passo que o pronunciamento de Neeleman foi acessado mais de 300 mil vezes em poucos dias, conquistou quatro estrelas na avaliação do público e foi retransmitido pelos meios de comunicação tradicionais.

Os consumidores logo inundaram o YouTube com comentários de apoio ao presidente da JetBlue. As pessoas aceitaram as desculpas de Neeleman, porque seu pedido foi autêntico e não demorou a ser feito, além de deixar claro que ele se responsabilizava pelo episódio. Ele afirmou que a JetBlue não só estava horrorizada com o que havia acontecido como, mantendo seu compromisso de fazer tudo certo, a empresa iria compensar financeiramente a inconveniência causada a todos.

A JetBlue anunciou ainda sua primeira "Declaração dos Direitos do Passageiro", a qual tinha um tom categórico e afirmava que a companhia era totalmente responsável por futuros problemas. Isso permitiu que a JetBlue superasse a crise e recuperasse sua credibilidade. E, embora Neeleman deixasse o cargo de presidente vários meses depois, foi uma decisão voluntária, tomada em termos amigáveis – ele não foi forçado a sair por acionistas que teriam ficado com raiva do incidente.

Jonathan Schwartz, presidente da Sun Microsystems, ganha pontos de credibilidade por ser a perfeita personificação do espírito do blogueiro consumidor. Os textos que publica em seu blog são interessantes e envolventes e refletem seu entusiasmo genuíno pelo que a Sun faz. Como afirma a respeitada escritora e especialista em blogs Debbie Weil: "Schwartz consegue adotar um tom informal, de diálogo, ao mesmo tempo que aborda assuntos relevantes em seus textos. Às vezes são até reveladores. É um equilíbrio delicado. É fácil ser descuidado quando não se está dizendo nada de relevante. Mas, quando você está falando de previsão de lucros ou de uma mudança de estratégia, é mais difícil. Além disso, ele escreve muito bem."

Richard Edelman, da agência de comunicações Edelman, utiliza essa ferramenta de comunicação há mais de três anos e é outro blogueiro corporativo considerado fonte confiável, porque escreve em seu blog como consumidores costumam escrever. Ele fala em seu próprio nome e muito do que escreve vem de suas experiências em primeira mão. Às vezes, seu blog parece um diário de viagens e eventos, o que oferece aos leitores uma oportunidade única para observar seu itinerário no dia a dia.

David Brain, o presidente da Edelman Europe, é igualmente apaixonado por escrever em blogs. Inspirando-se nas fórmulas de sucesso dos consumidores que gravam vídeos e os disponibilizam na internet, Brain criou um blog chamado Sixtysecondview, em que captura pequenos anúncios, em vídeos com um minuto de duração, nos quais aparecem diversas pessoas que ele encontra em viagens, no trabalho e em outras ocasiões. No começo, as entrevistas eram feitas com "personalidades do mundo dos negócios, da mídia, do governo e de ONGs a respeito de assuntos do momento, com um toque de relações públicas ou de tópicos de interesse geral", mas ele passou a abordar também outros temas que interessam sua audiência.

O vídeo inserido num blog corporativo pode ser muito eficaz para administrar, conter ou até mesmo reverter uma crise ou a propagação de boatos. Se feito de maneira adequada e confiável, o vídeo pode estimular ou reforçar laços emocionais mais profundos e também transmitir mais autenticidade e sinceridade quando as empresas estiverem enfrentando uma situação desfavorável. Se o conteúdo abordado ou a forma como se passa a mensagem não parecer verdadeiro ou autêntico, você não vai chegar a lugar algum, mas, se tiver algo de importante a dizer, esclarecer ou defender, escolha o vídeo – é o formato com maior taxa de retorno.

Em 2006, no auge do recall de brinquedos da Mattel, por exemplo, foi uma decisão acertada publicar um vídeo on-line com o presidente Robert Eckert tentando acalmar o público e os pais angustiados. Ao apresentar a pessoa de maior importância na organização criando um vínculo emocional com o público e demonstrando que entendia os problemas causados, o vídeo foi um primeiro passo inteligente para reconquistar a confiança do consumidor.

As empresas devem pensar de maneira assertiva sobre como podem otimizar capacidades e plataformas interativas, em especial os vídeos, no intuito de estimular a criação de laços emocionais mais profundos e gerar confiança por parte dos consumidores. Aqui estão quatro dicas.

Resposta em vídeo dentro dos resultados de busca de um site. As empresas ainda têm muito o que fazer para aperfeiçoar o sistema de buscas básico de seus sites, mas uma dica é usar as respostas em vídeo. Se o consumidor fizer uma busca por "segurança" no site de um fabricante de automóveis, por exemplo, a página de resultados poderia informar links diretos para um vídeo do presidente da organização ou outra figura que inspire confiança demonstrando os padrões de segurança do fabricante.

Bases de dados no formato FAQ (sigla em inglês para Perguntas Mais Frequentes). Do mesmo modo, as bases das perguntas mais frequentes devem fazer melhor uso das respostas em vídeo. Hoje em dia, praticamente todas as bases de dados das FAQs em sites corporativos se restringem a texto.

Formulários de feedback. Será que todo formulário de feedback ou link do tipo "entre em contato" deveria oferecer um vídeo em que o diretor de relacionamento com o consumidor aparece falando sobre como é importante para a empresa que os clientes preencham os formulários? Talvez não seja um pré-requisito, mas pense em transmitir a ideia de que "estamos ouvindo o que você tem a dizer".

Busca externa. As marcas devem comprar anúncios em texto nas grandes ferramentas de busca que oferecem links diretos para respostas em vídeo quando os consumidores digitam termos negativos, tais como "serviço ruim" ou "falta de segurança".

Caro presidente...

Quer gostemos ou não, quando os consumidores têm um problema, muitos decidem comunicá-lo a quem ocupa o mais alto cargo na empresa. E, com todos os novos veículos de CGM disponíveis, nunca foi tão fácil para o consumidor enviar uma mensagem diretamente ao presidente de uma companhia como também propagá-la para o grande público – seja divulgando uma carta de reclamações num blog (como fez Jeff Jarvis), gravando uma mensagem em vídeo e o colocando no YouTube ou até mesmo enviando uma cópia da mensagem irritada para sua ampla rede social.

Mas, às vezes, até mesmo os consumidores felizes relatam sua experiência para 3 mil pessoas. É por isso que é tão importante que os presidentes ouçam e respondam às dúvidas – por mais triviais que elas possam parecer – de cada consumidor.

Por exemplo, quando um funcionário do serviço de atendimento ao consumidor do Bank of America deu a um homem chamado Travis informações incorretas a respeito de sua conta, o que resultou na cobrança de US$ 280 em tarifas bancárias, Travis escreveu diretamente para Kenneth Lewis, o presidente do banco, e depois enviou a mesma carta ao Consumerist.com. Vinte e quatro horas depois que a carta chegou às mãos de Lewis, Travis recebeu um telefonema de um "representamente executivo do atendimento ao consumidor" da companhia, que imediatamente se ofereceu para lhe reembolsar os US$ 280. Travis escreveu sobre o desfecho feliz do caso no Consumerist.com, onde seu comentário foi acessado mais de 1.200 vezes, originando uma quantidade surpreendente de mídia gerada pelo consumidor positiva para o Bank of America.[5]

Num exemplo parecido sobre a importância da rapidez de reação do principal executivo de uma organização, em junho de 2007 um sujeito chamado Andy teve negado seu pedido de uma bebida exclusiva da casa numa filial da Starbucks. Ele então redigiu uma carta irritada para ninguém menos que o presidente da empresa, Howard Schultz, e em 24 horas recebeu o e-mail de um vice-presidente sênior, desculpando-se pelo incidente e prometendo enviar a ele um vale-brinde. Andy escreveu para o Consumerist.com sobre como tinha ficado satisfeito com a resposta da companhia; seu comentário foi acessado mais de 11 mil vezes e logo acabou no blog Starbucks Gossip, que tem muitos leitores.

Com um simples e-mail de duas linhas e um vale-brinde, a Starbucks transformou a reclamação de um único cliente em uma grande quantidade de burburinho genuíno e positivo.[6]

Ao responder aos consumidores, o presidente e a diretoria também precisam estar alertas para não dar a impressão de tratar certos consumidores mais influentes de maneira diferente da que tratam os outros. O tratamento especial pode gerar novos e inesperados prejuízos à empresa. Se a "rapidez de resposta" é exercida de maneira seletiva, ou somente no caso dos "chatos que reclamam", a credibilidade da organização corre risco, porque os consumidores vão interpretar o gesto como uma solução meramente paliativa. Os líderes corporativos precisam dar aos consumidores respostas inteligentes e relevantes, mas devem fazer isso de maneira consistente, sem delimitar expectativas irrealistas. A Dell, por exemplo, ao responder às reclamações públicas de Jeff Jarvis – as quais ecoavam por toda a internet – a respeito de seu notebook supostamente defeituoso, redefiniu muitas de suas práticas de atendimento ao consumidor em prol de *todos* os consumidores da marca – não apenas daqueles que reclamavam mais.

Como presidente ou executivo de alto escalão, é provável que você não disponha de tempo para responder pessoalmente a cada carta ou telefonema dos consumidores. Mesmo assim, qualquer esforço que você fizer para responder diretamente, de forma genuína e com respeito às dúvidas dos consumidores insatisfeitos (sobretudo se eles puderem influenciar a CGM) será, no fim das contas, uma recompensa.

Caindo na real: a autenticidade versus o crescimento da organização

Historicamente, a Starbucks sempre teve uma grande quantidade de mídia positiva gerada pelo consumidor, em grande parte graças ao compromisso de seu fundador e presidente, Howard

Schultz, de proporcionar a experiência definitiva em termos de café. Schultz não apenas se concentra na qualidade do produto e no atendimento ao consumidor como também busca recriar uma cultura global e autêntica de lojas de café, oferecendo produtos diversificados e deliciosos à base do grão, que provém de várias partes do mundo. Como ele disse recentemente, em citação da *BusinessWeek*: "O aspecto comum que leva ao sucesso dessas histórias de marketing e da empresa em si é que elas precisam ser verdadeiras – e precisam ser autênticas." Se você pudesse observar o Quadrante da Credibilidade da Starbucks, veria ótimo produto, ótima experiência e ótimo atendimento bem em destaque na seção superior direita.

No entanto, o recente burburinho a respeito da Starbucks tem sido, na melhor das hipóteses, irregular. Muitos comentários publicados on-line alegavam que a "experiência Starbucks" (e talvez o próprio café) acabou se diluindo. Em resposta a isso, Schultz escreveu um memorando (o qual, bem à moda da mídia gerada pelo consumidor, vazou para o blog Starbucks Gossip) advertindo os gerentes de que o crescimento acelerado ameaçava solapar a ideia de autenticidade e tornar a marca Starbucks uma commodity. "Tivemos de tomar uma série de decisões que, ao analisarmos o que ficou para trás, levaram à diluição da experiência Starbucks", declarou Schwartz. "A retirada das máquinas tradicionais de *espresso* acabou com grande parte da atmosfera romântica e teatral que fazia parte da experiência."

Então o que aconteceu com a visão autêntica e original de Schultz? Um desafio para as empresas de hoje em dia é o fato de que a autenticidade muitas vezes fica comprometida por exigências competitivas por parte dos consumidores. No caso da Starbucks, parece que o desejo deles de um serviço rápido ultrapassou o desejo de uma experiência mais autêntica, o que fez com que a empresa substituísse as máquinas de *espresso* por máquinas automáticas mais rápidas em todas as suas lojas. Como

Michelle Gass, diretora global de desenvolvimento de produto da Starbucks, explicou numa entrevista para a Reuters: "Nossos clientes nos ajudaram a chegar aonde estamos hoje. Eles querem suas bebidas em menos de três minutos." E, como máquinas mais rápidas significam que os baristas da Starbucks podem servir mais gente em menos tempo, logo ficou evidente que a mudança de fato caminhava para o aumento da eficiência e do lucro. Mas a que preço?

A difícil questão que se apresenta à Starbucks, ou a qualquer empresa de grande porte em expansão, é a seguinte: quando os imperativos operacionais de crescimento comprometem a credibilidade? O que o presidente de uma organização deve fazer quando as exigências dos divulgadores mais devotos da mídia gerada pelo consumidor – aqueles que proporcionam à empresa uma enorme quantidade de mídia espontânea publicando vídeos on-line e blogs e criando sites altamente visíveis, como o Starbucks Gossip – começam a entrar em conflito com as iniciativas e decisões que os líderes da companhia sabem que trarão mais lucro?

As pessoas que exercem influência e os defensores da marca podem ter interesses que ou são infundados ou baseados na visão romântica de que a empresa é "familiar" e tradicional. No entanto, tais indivíduos podem colocar as empresas na posição delicada de ter de equilibrar as exigências de seus principais clientes acima dos interesses de seus acionistas. E, nesse cenário, o presidente precisa descobrir como responder rapidamente aos consumidores sem sacrificar a eficiência operacional ou os lucros. Esse difícil equilíbrio às vezes poderá levar a conflitos, mas ainda assim a credibilidade surge no caso das firmas que se baseiam em valores e princípios consistentes. A Starbucks nunca foi negligente com a qualidade do café – um forte compromisso da marca desde que a primeira loja foi aberta –, mas demonstrou ter boa vontade ao ser flexível nos métodos de colheita. Entre os principais valores da Chick-fil-A está a crença religiosa de que suas filiais nunca devem abrir aos domingos, mas elas compensam a renda perdida sendo uma das marcas que geram maior satisfação na indústria do fast-food.

Executivos e presidentes como Mike Parker, da Nike, demonstraram que *é* possível continuar a ser autêntico e ao mesmo tempo impulsionar os lucros e o crescimento. Temendo que a Nike – uma empresa que, no começo, era uma ideia que valia US$ 8 mil ao ano na cabeça do lendário técnico de atletismo Bill Bowerman, e que passou a ser uma gigante no ramo de artigos esportivos, com mais de 29 mil funcionários, renda líquida de US$ 15 bilhões e bases operacionais em seis continentes – não fosse considerada "autêntica" por determinados grupos importantes de consumidores, Parker se dispôs a restaurar a credibilidade com um desses grupos: os skatistas e apreciadores do esporte. Então ele deu início a uma divisão de skateboarding totalmente nova e contratou os novos skatistas que mais estivessem por dentro do assunto para representá-la. Com a ajuda da sua nova equipe de especialistas em skate, ele então lançou um novo calçado – o Dunk –, desenvolvido especificamente para quem anda de skate. Embora a Nike ainda seja, até certo ponto, prejudicada pelo estigma de ser corporativa demais, os esforços de Parker serviram para manter a imagem autêntica – e confiável – da empresa aos olhos da cultura do skatistas.[7]

À medida que as firmas crescem, certos elementos que impulsionam a credibilidade, como a autenticidade, podem ser mais difíceis de alcançar. O presidente precisa descobrir como deve ser feita a busca para conquistar os imperativos operacionais e financeiros de crescimento e ao mesmo tempo demonstrar que a empresa é verdadeira, honesta e confiável.

Uma das melhores maneiras de fazer isso é se comunicar diretamente com os consumidores das maneiras que descrevi, por meio de vídeos ou podcasts, ou simplesmente entrar em contato com eles por meio de um blog. Bob Lutz, o vice-presidente da GM, não comprometeu nem um pouco as necessidades operacionais e de crescimento de sua organização, mas, ao participar ativamente do blog da empresa, e, ao se comunicar com grupos-chave de maneira bem mais eficiente e significativa, consegue sustentar a imagem de autenticidade.

Meu conselho final aos presidentes e principais executivos é simples: prestem sempre atenção aos fatores determinantes da credibilidade e monitorem a mídia gerada pelo consumidor o tempo todo. Agora, mais do que nunca, os consumidores dão de bom grado aos empresários um verdadeiro tesouro de constatações, muitas das quais convenientemente aparecem bem na tela dos diretores e executivos, na forma de uma simples análise da CGM. Estudá-la é talvez a maneira mais eficiente e eficaz de monitorar o vigor da sua corporação ou marca. Fazer isso também pode dar a você a oportunidade de participar do diálogo, o que só irá acrescentar pontos em termos de credibilidade e fidelidade do consumidor.

Capítulo 8

A criança enjeitada: o departamento de relacionamento com o consumidor

Em janeiro de 2006, Paul M. English decidiu que já tinha sofrido o suficiente. Estava cansado de ficar tanto tempo pendurado ao telefone, ouvindo jazz, enquanto esperava na linha para ser ouvido por um funcionário do departamento de atendimento ao consumidor. Estava cansado de ter que "discutir" com aqueles sistemas interativos de resposta por voz que nunca reconhecem uma única palavra dita pelo autor da chamada. Estava cansado de perder tanto tempo esperando que uma voz digital recitasse uma lista infinita de opções para direcionar a chamada, mas sem nunca deixar que o autor da ligação entrasse em contato com um operador ou representante de carne e osso. Então o que Paul English fez? Ele descobriu os códigos privados que poderiam abrir caminho através dos sistemas de resposta por voz de várias empresas e que permitiam ao autor da chamada entrar em contato diretamente com um operador real. E aí ele elaborou uma lista e a postou no seu blog.

A lista foi um sucesso instantâneo. Foi um sucesso tão grande que, na verdade, num único mês seu blog teve um milhão de acessos; ele participou de programas nas redes MSNBC, NPR e BBC e apareceu na revista *People*. Logo, centenas de outros consumidores frustrados começaram a escrever para ele, apoiando-o em sua cruzada e enviando mais códigos.

Então Paul English decidiu usar sua recente fama por uma boa causa. Fundou um movimento chamado Get Human ("Sejam Humanos"), que ele descreve como "uma tentativa totalmente voluntária de melhorar o estado lamentável do serviço de atendimento por telefone hoje em dia". Seu site, Gethuman.com, agora hospeda uma base de dados que classifica mais de 500 empresas em relação à qualidade de seus números telefônicos de atendimento ao consumidor e oferece o código secreto de cada uma para falar direto com o operador.[8]

Mas os consumidores não deveriam ter que "hackear" o sistema de atendimento automático de uma empresa para serem ouvidos. Como vimos, só ouvir o que os consumidores têm a dizer já traz grandes benefícios, tanto em termos de fidelidade quanto de feedback. Se os gerentes, executivos e profissionais de marketing simplesmente observassem o serviço de atendimento ao consumidor (também chamado de departamento de relacionamento com o cliente), eles encontrariam um verdadeiro tesouro em termos de feedback de consumidores ativos e que agora exercem enorme influência, que pode ser aproveitado ao máximo.

Contudo, é óbvio que nem todas as empresas se dão conta disso. Na verdade, os departamentos de atendimento ao cliente e de relacionamento com o consumidor contêm algumas das fontes de informação mais subutilizadas de que dispõem as empresas. Muitas vezes penso no departamento de relacionamento com o consumidor como a criança enjeitada da organização. No geral, ele tem o estigma de ser uma área periférica, pouco estratégica, na qual os consumidores que gostam de causar confusão despejam suas reclamações infundadas, seus pedidos absurdos e suas preocupações irracionais.

Mas não é bem assim. Na verdade, o departamento de relacionamento com o consumidor é um dos componentes mais importantes para a credibilidade. Portanto, um dos maiores imperativos para a administração que busca aumentar sua receita é repensar, e em muitos casos reorganizar, todos os processos operacionais desse departamento. Na verdade, essa reformulação pode ser um investimento de alto retorno bem mais eficiente do que despejar rios de dinheiro em mídia paga. Numa era em que se encontram confirmações por meio de resultados de busca, a eficiência do departamento de relacionamento com o consumidor é fundamental.

Afinal de contas, os consumidores que mais provavelmente irão preencher um formulário de feedback on-line ou ligar para o serviço de atendimento ao cliente são as mesmas pessoas que geram a propaganda boca a boca on-line. Isso não é uma mera suposição. Em todos os estudos que conduzi sobre o comportamento do consumidor on-line, existia uma forte relação entre os que fazem uso dos canais de feedback e aqueles que geram a mídia. Em determinado estudo, por exemplo, descobri que os blogueiros estão três vezes mais propensos a postar comentários ou fazer críticas e sugestões no site de uma empresa do que os não blogueiros.

Um bom exemplo: se você buscar no Google as palavras "Verizon" e "serviço", receberá aproximadamente 33 milhões de resultados. Se acrescentar a palavra "consumidor", vai encontrar quase 11 milhões de resultados. Os resultados não são muito diferentes dos encontrados para Sony, Sprint, Philips ou várias outras grandes marcas. Por exemplo, a combinação dos termos "chateado", "serviço" e "Ford" gera 1,3 milhão de resultados. Em outras palavras, uma quantidade enorme de CGM engloba o departamento de relacionamento com o consumidor, e a maior parte dela é crítica e implacável. Na verdade, o departamento de relacionamento com o consumidor gera mais mídia indesejável do que qualquer outra área da empresa.

É por isso que todo funcionário envolvido com esse departamento – desde os vendedores das lojas físicas até a equipe de suporte técnico, passando pelos representantes do serviço de atendimento telefônico – desempenha um papel de grande importância para minimizar os aspectos negativos e gerar CGM positiva. Lembre-se: consumidores altamente satisfeitos se transformam em embaixadores da sua marca.

O relacionamento com o cliente e o canal de processamento de feedback

Para conseguir uma visão mais detalhada do que as pessoas de fato pensam sobre suas empresas ou seus produtos, os empresários devem começar a pensar imediatamente em como extrair maior valor do feedback coletado por meio do relacionamento com os consumidores. Aqui estão cinco maneiras de começar esse processo.

1. Faça com que as suas linhas de call center sejam as mais fáceis possíveis de usar

Como vimos no caso de Paul English, a incapacidade de conseguir falar com uma pessoa de carne e osso num call center ou num serviço telefônico de atendimento ao consumidor provoca grande frustração – e gera mais CGM negativa. E, além disso, os consumidores não podem dar feedback se não conseguem nem mesmo falar com alguém; pense em todos os comentários úteis e sugestões que nunca chegam à empresa porque o autor da chamada não consegue contornar o sistema automático e acaba desistindo. Dê aos consumidores a opção de falar com um atendente real logo no começo e tenha operadores em número suficiente para evitar que os clientes fiquem esperando por mais do que alguns minutos. Isso pode significar ter de contratar mais atendentes, mas a sua empresa ganhará inúmeros benefícios em termos de satisfação do consumidor e sugestões úteis.

2. Reforce o processo de definição do perfil do consumidor

A maioria das perguntas nos questionários sobre o perfil do consumidor existentes nos formulários de feedback das empresas diz respeito a informações simplesmente demográficas, como idade, renda e sexo, mas não à extensão da influência – que é mais importante para medir o impacto mais profundo do feedback do consumidor. Embora as informações secundárias sejam, até certo ponto, importantes para avaliar o alcance da influência dos consumidores, as empresas devem incluir perguntas sobre seu comportamento on-line, tais como: "Você participa de fóruns na internet? (Em caso afirmativo, quais? Com que frequência? Você envia textos, fotos, vídeos, áudio ou todos os quatro?)", "Você tem um blog?", "Você tem uma página no Facebook ou no MySpace?".

Imagine o caso de um consumidor que tem uma reclamação relativa às condições de higiene de um restaurante fast-food. O que importa mais: sua idade ou o fato de que ele tem um blog e com frequência coloca vídeos no YouTube? Se a questão for o potencial de gerar má publicidade para a sua empresa, você certamente desejará saber o potencial do consumidor para espalhar o que tem a dizer. O mesmo princípio se aplica de modo inverso. Se um consumidor enche de elogios a nova televisão de tela plana da Philips, a empresa vai preferir saber sua renda anual ou o fato de que essa pessoa escreve regularmente resenhas de produtos na Amazon.com ou no Epinions.com?

3. Deixe a interface do seu site mais amigável

Certifique-se de que as interfaces de feedback do seu site sejam as mais convidativas possíveis. O texto dos formulários de feedback deve ser escrito de tal maneira que os consumidores sintam que suas opiniões de fato importam para a empresa. Eu posso informar a você que a maioria das interfaces de feedback dos sites é desanimadora. As ferramentas de feedback, assim como a propaganda, devem sempre tentar aprofundar um laço emocional. Você quer reproduzir a sensação que os consumidores têm quando tratam com um funcionário simpático e receptivo de um hotel quatro estrelas. As interfaces impessoais e frias, como a do McDonald's, inibem o desejo natural do consumidor de dar seu feedback. Quanto mais obstáculos os consumidores tiverem de enfrentar, menor será a possibilidade de que eles dediquem seu tempo a dar suas opiniões.

4. Não esconda o formulário de feedback

Infelizmente, os formulários de feedback muitas vezes ficam escondidos nas profundezas inalcançáveis de um site. E, se os consumidores não conseguirem encontrá-los imediatamente, é bem provável que levem suas reclamações e seus comentários para outros cantos – para um lugar como o site Consumerist.com, por exemplo, onde podem fazer um estrago muito maior. Faça como a marca Dove, da Unilever: convide os usuários a dar seu feedback na página principal do site, não em uma página difícil de achar. Essa estratégia pode gerar informações de grande valor – e é bem mais barata do que contratar uma agência.

5. Faça de tudo para que o seu sistema de feedback esteja em sintonia com o modo de comunicação dos seus consumidores

Muitas vezes, o departamento de relacionamento com o consumidor está totalmente fora de sintonia com o modo como os clientes se expressam. Hoje em dia, os consumidores costumam se comunicar por meio de fotos, áudio, vídeos, links e muito mais. Se eles desejam escrever, telefonar, enviar um e-mail ou um vídeo, encaminhar uma URL ou fornecer um podcast pessoal, certifique-se de que o site da sua empresa esteja preparado para receber o formato escolhido. Isso tem tudo a ver com "ouvir em 360 graus".

O departamento de relacionamento com o consumidor e o call center: uma família muito feliz

Se uma empresa realmente deseja aumentar a confiança dos seus consumidores, é importante que todos os envolvidos em servir o consumidor saibam o que estão fazendo – desde os representantes nas lojas físicas aos atendentes do serviço telefônico, passando pelos engenheiros que desenvolvem o serviço automatizado on-line. Veja o que acontece se eles não souberem.

Em janeiro de 2007, um universitário chamado Shane teve uma experiência terrível ao tentar alugar um caminhão de mudança da U-Haul para transportar seus pertences para o seu dormitório. Quando ligou pela primeira vez para a U-Haul para fazer sua reserva, falou com um atendente muito simpático, que lhe deu um orçamento de US$ 225. No entanto, quando ele chegou no dia seguinte para pegar o veículo, o representante atrás do balcão informou que ele devia US$ 480. Quando questionou a cobrança, lhe disseram que o gerente da filial não estava disponível para falar com ele; e Shane não teve outra alternativa senão engolir a cobrança extra de US$ 255.

Infelizmente, os infortúnios de Shane não terminaram por aí. Quando ele se preparou para se mudar do dormitório, no fim do semestre, novamente reservou um caminhão da U-Haul, dessa vez utilizando o sistema de reservas on-line. Mas, quando seu pai foi buscar o veículo, a filial nem mesmo tinha o caminhão que havia sido reservado, e o atendente disse que, já que a reserva tinha sido feita on-line, ele não teria como ajudar. Então Shane ligou para o call center de atendimento ao consumidor, mas o funcionário de lá também disse que não poderia fazer nada, já que o sistema de reservas era automático. O pai de Shane acabou dirigindo durante 45 minutos para buscar um caminhão em outra localidade, e ambos juraram que jamais contratariam os serviços da U-Haul novamente.

Mas, para Shane, só isso não bastava. Ele estava revoltado e achou que era seu dever alertar outras pessoas sobre como o serviço de atendimento ao consumidor nas lojas, o atendimento telefônico e o sistema de reservas on-line da U-Haul haviam sido tão pouco prestativos. Então ele deu início a uma campanha contra a empresa e postou uma carta no Consumerist.com relatando sua experiência. Seu post recebeu mais de 1.400 acessos e dezenas de comentários solidários, o que resultou num grande golpe à reputação da U-Haul.

Moral da história: faça o possível para que a mão esquerda saiba o que a direita está fazendo. No nosso mundo on-line, a quantidade de canais pelos quais os consumidores podem chegar até as empresas só aumenta. Isso torna ainda mais importante que cada funcionário envolvido no serviço de atendimento ao consumidor esteja em sintonia com os demais.

O departamento de relacionamento com o consumidor e outros dentro da organização: um lugar à mesa para a criança enjeitada

Se a expressão de confiança é a mais nova moeda de troca, derrubar as barreiras entre o departamento de relacionamento com o consumidor e o restante da empresa vale ouro. Afinal, como explicou Beth Thomas-Kim, da Nestlé, "esse departamento funciona como um substituto para os consumidores quando estes não podem se dirigir a uma loja física". E o que mais além disso poderia ter uso e aplicação mais amplos dentro da empresa?

Aqui estão seis dicas para que o seu departamento de relacionamento com o consumidor possa gerar parcerias eficazes com outros ramos da sua organização.

1. Vendas

Uma das principais razões por que os consumidores ligam ou escrevem para o departamento de relacionamento com o consumidor é para descobrir onde podem comprar determinado produto. O departamento pode servir de apoio às vendas tanto ao identificar uma necessidade – sejam mais pontos de venda ou filiais numa região ou melhor cobertura dos representantes de vendas em determinado setor – como ao dar aos consumidores as informações que eles precisam levar até as lojas para localizar um item.

2. Desenvolvimento de produto

O relacionamento com o consumidor pode ser a principal linha de defesa quando existem problemas com o seu produto. Caso haja alguma falha, um defeito ou até mesmo um recall do produto, certifique-se de que os atendentes do departamento de relacionamento com o consumidor estejam cientes disso – e também do que você está fazendo para corrigir o problema. Dessa maneira, quando os consumidores ligarem para reclamar, os funcionários terão todas as informações de que precisam para acalmar as hordas irritadas de consumidores.

Mas a comunicação entre o departamento e os desenvolvedores de produto não deve fluir só numa direção. As necessidades não correspondidas dos consumidores devem ser descritas aos funcionários de atendimento ao cliente todos os dias; quando recebem esse feedback dos consumidores – seja sobre um produto que não está funcionando da maneira correta ou um que tem falhas em seu planejamento –, eles devem ter canais para passar essa informação diretamente aos responsáveis por corrigir o problema. Como os consumidores que fornecem o feedback tendem a ser muito meticulosos e detalhistas, eles são uma fonte muito valiosa para o desenvolvimento do produto, principalmente se você desejar obter sugestões e críticas detalhadas a respeito da qualidade.

3. Questões legais e gestão de riscos

Os profissionais que trabalham no departamento de relacionamento com o consumidor muitas vezes são os primeiros a ouvir sobre assuntos que podem levar a processos judiciais. Portanto, faça o possível para que esses funcionários tenham uma maneira de comunicar (confidencialmente, é claro) esses problemas ao departamento jurídico da sua empresa, de modo que este possa lidar com essas questões antes que se transformem em algo maior.

4. Pesquisa de mercado

A pesquisa de mercado existe para descobrir o que os consumidores realmente desejam. O departamento de relacionamento com o consumidor pode ajudar, fazendo pesquisas de opinião ou convidando os clientes a participarem de grupos de discussão. Quantas vezes você já ligou para o departamento de relacionamento com o consumidor para relatar um problema e perguntaram a você se gostaria de participar de uma breve pesquisa? Talvez você tenha preferido não participar, mas muitas pessoas aceitam, e suas respostas valem ouro para a pesquisa de mercado.

5. Recursos humanos

Os consumidores com frequência ligam ou escrevem para o departamento de relacionamento com o consumidor munidos de comentários, tanto positivos quanto negativos, sobre sua experiência com os funcionários da empresa – desde operadores de caixa a gerentes de filiais, passando pelos técnicos. Isso coloca o departamento de relacionamento com o consumidor na posição de informar os recursos humanos sobre como os funcionários são vistos pelos consumidores. Essa informação também pode ajudar a identificar falhas no treinamento dos funcionários e ajudar o departamento de RH a desenvolver treinamentos melhores, mais incentivos ou programas de reconhecimento para os funcionários.

6. Embalagem e design

O departamento de relacionamento com o consumidor pode ajudar a garantir que as informações contidas na embalagem sejam claras e corretas, e que as informações relevantes, como datas de validade e códigos de fabricação, estejam legíveis e fáceis de encontrar. Por exemplo, se a sua empresa vende um alimento embalado e os consumidores constantemente ligam para perguntar a quantidade de calorias ou de gordura, os responsáveis pelo design da embalagem devem ser avisados de que essa informação ou está faltando ou é difícil de encontrar no produto.

Uma boa notícia: o departamento de relacionamento com o consumidor já está pronto para a Web 2.0

No ano passado, a Society of Consumer Affairs Professionals me convidou para ir até Palm Springs dar uma palestra intitulada "Wake Up and Listen to Consumer 2.0" ("É hora de acordar e ouvir o consumidor 2.0"). Enquanto preparava a minha apresentação, ficou óbvio para mim que, quando o assunto é um compromisso genuíno e apaixonado de ouvir o cliente, o departamento de relacionamento com o consumidor de fato já está pronto para assumir essa responsabilidade.

Na verdade, antes da minha palestra, a SOCAP havia conduzido uma pesquisa entre todos os participantes da conferência e descobriu que a grande maioria dos departamentos de relacionamento com o consumidor já estava começando a monitorar, informal ou formalmente, a mídia gerada pelo consumidor. Mais da metade deu indícios de que planejava rever suas interfaces de feedback, quase metade tinha planos de experimentar os blogs e mais de um terço dava indícios de que pretendia começar a classificar os consumidores com base na ideia de "influência". E mais de 25% afirmaram que até planejavam permitir que os consumidores enviassem feedback em formato de vídeo, áudio ou foto.

Isso está bem longe da atitude que testemunhei no começo do PlanetFeedback.com, quando o pessoal dos departamentos de relacionamento com o consumidor achava que eu era louco por criar um modelo que de maneira tão explícita reconhecia, aceitava e canalizava o poder do consumidor. Mas hoje em dia o consumidor com poder de decisão assumiu uma posição de destaque, bem no centro do escopo de visão do departamento, e as empresas parecem estar mais do que prontas para as mudanças necessárias.

Mas o departamento de relacionamento com o consumidor não consegue fazer tudo sozinho. No momento, é necessário haver colaboração – tanto em termos operacionais quanto de orçamento – entre os departamentos de marketing e propaganda, o presidente e o departamento de relacionamento com o consumidor. Reformar o departamento de relacionamento com o consumidor de modo a criar uma infraestrutura mais genuína e confiável para ouvir o cliente talvez exija investimento, atenção, compromisso e dedicação por parte de todos os setores da organização.

Agora é hora de as empresas se fazerem uma pergunta difícil: saber se faz sentido retirar a verba investida em mídia e propaganda e realocá-la no departamento de relacionamento com o consumidor. E pressinto que, na maioria dos casos, a resposta será positiva. Como deixam claro os dados empíricos de todo o panorama da CGM, fazer um esforço e um investimento extras em áreas como o serviço de atendimento ao consumidor pode trazer recompensas generosas para as empresas em termos de credibilidade, fidelidade do consumidor e bons resultados.

Capítulo 9

Quando procuram pela sua empresa no Google: guia para solução de problemas

Precisamos admitir: cedo ou tarde, a sua empresa vai estar em apuros. São coisas da vida: as organizações às vezes não avaliam a situação de maneira adequada ou resolvem adotar medidas que acabam por prejudicá-las, sem querer se colocando na arriscada posição de afetar a mídia gerada pelo consumidor. Às vezes, elas são atacadas por bons motivos; outras vezes, apenas são alvos convenientes. A credibilidade corporativa está sob fogo cerrado o tempo todo, e hoje é mais difícil do que nunca para as empresas se defenderem. A realidade inegável na era da CGM é que o tempo que as companhias têm para reagir a uma crise, um boato ou uma gafe é apenas uma fração do que era no passado. Hoje em dia, o burburinho prejudicial se espalha tão rapidamente que o velho modo de agir, optando por esperar até o dia seguinte, não se aplica mais. Em nosso admirável mundo novo de informações ao alcance de um clique, o presidente de uma empresa pode ir dormir sendo o rei do mundo e acordar na manhã seguinte soterrado pelos destroços da reputação de sua empresa, reputação esta que antes era impecável.

Mas não há motivo para desespero. Existem inúmeras medidas que você pode tomar para defender e proteger a sua empresa em épocas de crise. Quanto mais fundamentada nos fatores determinantes da credibilidade a sua empresa já estiver, mais eficiente será a solução de problemas. Afinal de contas, as empresas que são confiáveis, transparentes, autênticas recebem confirmações positivas e ouvem e respondem bem a seus consumidores; sistematicamente lidam melhor com as dificuldades do que as que não são. Mas solucionar problemas requer um plano muito mais estratégico e tático do que simplesmente contratar um profissional de relações públicas ou uma agência de comunicação para "dar um jeito". Hoje em dia, cada parte da sua empresa desempenha um papel na proteção, defesa e reconstrução da sua credibilidade em épocas de crise. A seguir, o manual estratégico para solução de problemas oferece dicas que cada ramo da organização pode usar em uma crise de ataque à credibilidade.

Manual estratégico de solução de problemas

1. Saiba quem são as pessoas que influenciam a sua marca

Como vimos, as pessoas que exercem influência não são mais os tradicionais jornalistas, analistas financeiros ou ativistas. Agora, elas são um grupo mais amplo de consumidores comuns do dia a dia. Para defender a reputação da sua corporação na era da CGM, você precisa localizar com precisão as principais pessoas que exercem influência e também entender o alcance da influência dos consumidores. Você não pode administrar uma crise se não entender quem está por trás dela.

Por exemplo, eu tenho uma pequena lista das principais pessoas de influência que têm um impacto desproporcional sobre a reputação da Nielsen Online, tais como os profissionais que trabalham para outras firmas de análise ou determinados blogueiros que escrevem sobre marketing. O modo como você organiza as principais pessoas de influência irá depender do aspecto da sua empresa que você deseja interpretar. O Wal-Mart, por exemplo, frequentemente atacado na mídia pelo tratamento dispensado a seus funcionários, sempre está de olho em grupos ativistas como o Wal-Mart Watch e o Wake Up Wal-Mart, que são os primeiros a criticar a empresa quando ela demite funcionários, corta benefícios e assim por diante. E as organizações que se preocupam com a maneira como são vistas pelas entidades ecológicas prestam bastante atenção a grupos como o As You Sow, que é conhecido por pressionar os acionistas em suas resoluções, em diversos tópicos relacionados ao meio ambiente.

Preste atenção à Wikipedia

Uma estratégia excelente para identificar rapidamente as pessoas de influência e/ou os assuntos dos quais você talvez não tenha conhecimento é dar uma olhada no verbete da sua empresa na Wikipedia, se houver um. Como ele é o produto de centenas de contribuições de usuários, as principais pessoas de influência que rondam a sua organização sem dúvida serão citadas. No verbete do McDonald's, por exemplo, existe uma seção dedicada a "críticas", que lista tanto os assuntos que estão sendo debatidos e as pessoas mais influentes, como Morgan Spurlock, o controvertido diretor do filme *Super Size Me – A dieta do palhaço*, Eric Schlosser, autor do livro *Nação fast food*, e ativistas que entraram com processos contra a empresa.

Dado seu alcance extraordinário – mais de um terço (36%) dos usuários americanos adultos da internet a consultam, de acordo com um estudo de 2007 da Pew Internet – e a frequência com que os verbetes são atualizados, a Wikipedia é um bom reflexo dos assuntos mais relevantes sobre a sua empresa ou marca, a qualquer momento. Assim, as corporações precisam estar preparadas para lidar com qualquer assunto que apareça nos artigos a respeito dela publicados na Wikipedia e também esclarecê-los. Já que qualquer um, tecnicamente falando, pode contribuir com a Wikipedia, as empresas podem tentar editar seus próprios verbetes para esclarecer um boato ou responder a determinada questão. Contudo, se isso for feito de maneira desonesta, ou se a revisão feita caracterizar a utilização de perfis falsos de consumidores ou de propaganda, fique certo de que ocorrerá uma forte reação negativa, o conteúdo será apagado e a sua empresa perderá a credibilidade, como aprendeu a Anheuser-Busch, a duras penas, em agosto de 2007, ao ser flagrada editando as críticas a respeito de um de seus grupos, o SeaWorld, em seu verbete na Wikipedia. É por isso que a Dell tem uma política que determina que, quando os funcionários escrevem sobre a empresa na internet – seja na Wikipedia, no MySpace ou num blog pessoal –, eles precisam se identificar como funcionários.

Uma maneira mais segura de lidar com as críticas num verbete da Wikipedia é fazer isso também on-line, mas em outro lugar – seja no site da empresa, num blog corporativo ou num site ativista como o Consumerist.com. É bem provável que a sua resposta seja vista e que a mensagem seja propagada por uma terceira pessoa imparcial.

Como monitorar o verbete da sua empresa na Wikipedia

Exatidão: A descrição das políticas, das práticas e dos produtos da sua empresa está correta? Ela é consistente com a maneira como a empresa ou a marca se define em seu próprio site?

Referencial: A história assume qual ponto de vista? A informação é imparcial e objetiva? A história é contada por críticos radicais e detratores?

Pontos de referência: Que fontes são citadas? São fontes de boa reputação? Elas estão ligadas a fontes de alta exposição? O conteúdo do site da sua empresa está sendo citado? Se não, por que não?

Novas notícias: Com que rapidez os novos eventos são incorporados ao verbete? A sua empresa está ajudando a dar um rumo à história do verbete fazendo o possível para que sejam incluídas notícias sobre novos produtos e iniciativas?

Observe o seu próprio arsenal

Não subestime o poder de influência que os defensores mais leais da sua empresa têm. Trace um perfil dos seus principais consumidores e sempre saiba qual a extensão de sua influência. Você nunca sabe quando precisará estimulá-los. Se, por meio de um sistema mais inteligente de classificação de perfis, uma empresa sabe quem em sua base de dados pode ser considerado uma pessoa de influência, ela estará em posição muito melhor para intervir de maneira inteligente quando surgirem problemas ou desafios.

Lembro que prestei consultoria para uma grande marca de artigos de higiene pessoal no momento em que circulava pela web um boato falso, o qual sugeria que seus produtos tinham efeitos colaterais adversos. O boato nunca morria porque parecia bastante plausível na superfície, e a empresa não conseguia detectar exatamente quais eram suas origens. Convenci meu cliente a começar a delinear o perfil de seus consumidores mais fiéis em relação ao modo como utilizavam e criavam a CGM. Nossa técnica de definição de perfil era bastante simples. Apenas perguntamos a esses consumidores "Qual o seu nível de atividade, caso seja ativo, em fóruns de discussão on-line e blogs?" e listamos várias opções de resposta, desde "diária" até "nenhuma". Depois, funcionários do serviço de atendimento ao consumidor entravam em contato com as pessoas que indicavam ser de grande influência e aproveitavam esse momento de contato ao vivo para educá-los a respeito da verdade. Tal ação aumentava as probabilidades de que esses consumidores mais ativos se dessem o trabalho de defender a empresa caso o assunto surgisse; em essência, isso criou um grupo de consumidores fundamental para lidar rapidamente com o boato e reprimi-lo. Neste exemplo, a empresa fortaleceu a confiança por meio do contato direto, e esse contato estabeleceu a base para que os consumidores se comunicassem de maneira eficaz com outros clientes.

Cada corporação deve contar com uma equipe assim. E, repito mais uma vez, entenda quais são as perguntas-chave que você precisa fazer para garantir que irá se beneficiar dos consumidores certos.

2. Maximize o seu blog corporativo

Os blogs corporativos são particularmente úteis como uma primeira defesa para contra-atacar as declarações infundadas. Empresas como GM, Toyota, Hewlett-Packard e IBM estão cada vez mais usando seus blogs como veículos de resposta rápida quando assuntos espinhosos surgem na mídia ou entre os blogueiros. Se você pisar na bola, use o seu blog como uma plataforma para se desculpar; se não pisar, recorra a ele para esclarecer e defender seus atos. A chave é manter o blog corporativo confiável; a cultura da CGM consegue sentir o cheiro até da menor das manipulações.

Dicas básicas para solução de problemas no blog corporativo

Faça várias revisões e atualizações constantes. Em épocas de crise, repita a declaração da missão do blog de tanto em tanto tempo para lembrar aos consumidores qual o seu posicionamento. Também se lembre de que os novos visitantes do blog nem sempre têm tempo de descer a barra de rolagem e ler os posts anteriores.

Personalize o seu blog. Dê uma cara e personalidade ao conteúdo. Os consumidores irritados são mais propensos a perdoar uma empresa que aparenta ser mais humana.

Não seja tímido. Se surgir controvérsia, o blog corporativo é um bom lugar para começar a se defender ou a pedir desculpas. Os consumidores reagem bem quando uma empresa admite um erro e toma medidas para divulgar a correção.

Vanglorie-se — mas não muito. Escreva sobre os melhores ou mais significativos feitos, os pontos fortes e os benefícios da sua empresa, mas faça isso sem parecer que está fazendo propaganda em causa própria. Quando você estiver em maus lençóis, não custa lembrar aos consumidores todas as coisas boas que você representa.

É importante que a empresa faça o possível para que todos os pontos de contato, ou seja, todas as pessoas na organização que tenham contato com os consumidores – desde o departamento de relacionamento com o consumidor e representantes de vendas aos recepcionistas da matriz da empresa – disponham dos dados essenciais para defender a empresa ou corrigir informações erradas. Portanto, faça o possível para que todos os seguintes pontos de contato estejam a par de todas as informações negativas que estão sendo espalhadas a respeito da empresa e tenha sempre uma resposta na manga.

Utilize os recursos humanos

O departamento de recursos humanos é responsável por saber se os funcionários de todos os outros departamentos dispõem das ferramentas e do treinamento necessários para desempenhar suas funções, já que a credibilidade de uma empresa pode ficar desgastada se, por exemplo, um representante de vendas não estiver ciente de um vídeo viral bastante negativo colocado no YouTube. É por isso que o treinamento de funcionários é de suma importância. Certifique-se de que o seu departamento de recursos humanos ofereça várias e frequentes oportunidades para que cada funcionário fique a par de todas as questões negativas ou acusações que a empresa enfrenta – e também do que fazer quando se confrontarem com elas. Todas as pessoas que trabalham para você devem estar preparadas para ir até a linha de frente e defender a sua empresa, se necessário.

Utilize o canal de atendimento ao consumidor

Se a sua empresa está sendo atingida por CGM negativa, o seu departamento de relacionamento com o consumidor ou de atendimento ao cliente pode ser a sua principal frente de defesa. Coloque um vídeo na página de feedback do seu site no qual um executivo fala sobre o assunto que está causando controvérsia, ou substitua a música da espera do atendimento telefônico por uma mensagem gravada, bem detalhada, tranquilizando os consumidores preocupados com o problema em questão. Talvez até seja bom que os funcionários do serviço de atendimento ao cliente entrem em contato diretamente com os consumidores de maior influência (lembra-se da história do Bank of America, no Capítulo 7?). Como vimos, a agilidade na resposta é absolutamente essencial para se gerenciarem problemas potencialmente prejudiciais.

Use a força de vendas

A sua equipe de vendas também pode ser uma aliada de grande valor para corrigir um boato infundado ou dispersar um ataque à sua credibilidade. Aconteça o que acontecer, os consumidores depositam grande confiança nos vendedores – afinal de contas, são eles que sabem os prós e os contras dos produtos. Se você for um fabricante de eletrônicos enfrentando um burburinho negativo por causa de um defeito num DVD player portátil, por exemplo, os seus representantes de vendas podem ser indispensáveis para espalhar a notícia de que o defeito foi corrigido no modelo mais recente. É claro que, quando a empresa tem um problema genuíno, é essencial que esses representantes, para manter sua própria credibilidade, sempre falem a mais absoluta verdade.

Use toda a web

Bruce Ertmann, gerente corporativo de CGM da Toyota, passa pelo menos 30% de seu dia surfando pela internet em 16 monitores em seu escritório, frequentando inúmeros sites de aficionados de carros, entre os quais o Autoblog, o Jalopnik e o Autoextremist. Ele faz contribuições para esses sites e corrige informações errôneas a respeito da Toyota sempre que elas aparecem, onde quer que apareçam. Para continuar a ter credibilidade ao fazer isso, Ertmann segue três regras bem claras:

Transparência: Ele se identifica como representante da Toyota USA em todos os seus textos. Não existe nada a se ganhar ao se manter segredo, mas há muito a se perder se um dos seus posts sair pela culatra. Ertmann adere àquilo que ele chama de "código de conduta. Não somos consumidores e, quando postamos comentários, não podemos fingir que somos", diz ele.

Autoridade: Membros desses sites de entusiastas de veículos passaram a conhecer Ertmann por meio de seus posts e a vê-lo como especialista na indústria automobilística. Em julho de 2007, por exemplo, a Toyota foi alvo do que poderia se chamar de publicidade infeliz quando o filho de Al Gore foi pego a 160km/h num Prius. Ertmann rapidamente escreveu: "Não defendemos o hábito de dirigir a 160km/h nas estradas do nosso país, ou em qualquer lugar, aliás, em nenhum de nossos carros, mas também já ouvimos de alguns dos usuários do Prius que é legal saber que o carro não é uma lesma e tem potência para ir mais rápido, se necessário. Qual é a velocidade máxima do Prius? Na verdade, é de 165km/h. Compre um Prius – mas respeite a lei."

Competência: Ertmann faz o possível para que as informações fornecidas por ele sejam bem pesquisadas e baseadas em fatos. Consequentemente, sua imagem é de uma pessoa informada, organizada e competente. Quando a Toyota lançou sua camionete Tundra, por exemplo, sabia que estava entrando num mercado muito competitivo que podia ser difícil. E foi o que aconteceu. Então Ertmann coletou informações sobre o Tundra e os produtos concorrentes, produziu uma lista de especificações e criou um blog à parte, o qual poderia ser usado para gerar informações comparativas e ajudar as revendedoras da Toyota. "Essa é mais uma maneira de ficar a par de tudo o que está acontecendo, e o blog é uma excelente ferramenta para esclarecer os fatos", escreveu ele.

Tente fazer propaganda nas buscas pagas

A busca paga é outra maneira inteligente de lidar com uma crise. Isso inclui comprar palavras-chave negativas para ter certeza de que o ponto de vista da empresa esteja sempre disponível para os consumidores insatisfeitos. Por exemplo, milhões de e-mails circularam pela internet sugerindo que ingerir gel higienizador para as mãos pode desencadear uma intoxicação por álcool. As redes de anúncios on-line estão ficando tão sofisticadas e onipresentes que as empresas agora podem facilmente comprar espaço para aparecer em todos os principais blogs e outras áreas em que os consumidores têm maior probabilidade de ficar sabendo a respeito de determinada questão. Mesmo assim, nenhum grande fabricante de gel higienizador sequer comprou anúncios de busca para tentar contar o seu lado da história – assim, quando você digita "hand sanitizer" (gel higienizador) e "safety" (segurança) no Google, os resultados que aparecem são indícios que confirmam o boato. No fim das contas, descobriu-se que as acusações são verdadeiras, mas os fabricantes das marcas fariam bem em comprar termos de busca e utilizá-los para esclarecer o fato de que os géis só são perigosos se ingeridos em grande quantidade, e para salientar, em primeiro lugar, que não se deve ingeri-los. Meu conselho para marcas como Purell e Gojo é comprar palavras-chave e expressões negativas, como "intoxicação por álcool" e "riscos à saúde" em mecanismos de busca – assim, quando os consumidores fizerem uma busca por esses termos, eles poderão saber todos os lados da história.

Tente antecipar e dissipar as preocupações dos consumidores antes que elas venham à tona. Afinal de contas, só o fato de ver um banner em que está escrito "Saiba toda a verdade" ou um anúncio pode dar aos consumidores um pouco mais de confiança ao saber que nem tudo está podre no reino da Dinamarca. Deixe para trás esse sentimento de apreensão e ganhe crédito por ajudar os consumidores a obter as melhores informações possíveis. A isso eu dou o nome de "fisgar a curiosidade".

4. Quando um pedido de desculpas não basta

Quando a sua empresa está sendo atacada por comentários, simples desculpas e esclarecimentos talvez não sejam suficientes, principalmente quando os consumidores estão com muita raiva e se sentem traídos. Nesses casos, só existem vantagens quando se trata os consumidores com atenção extra, dedica-se mais tempo a eles ou se oferece a eles talvez até algum tipo de compensação (como fez a JetBlue com os passageiros que deixou presos na pista em fevereiro de 2007 ou, em escala menor, como fez a Starbucks, ao enviar ao consumidor Andy, irritado, um vale-brinde). Lembre-se: se um consumidor insatisfeito de fato conta o episódio a 3 mil amigos, ou até mesmo uma fração desse número, a experiência de uma pessoa pode representar prejuízo real. E, se a reclamação chegar aos resultados dos mecanismos de busca, ela pode se tornar uma mancha permanente na reputação da sua empresa. Vale a pena dedicar mais tempo e recursos a transformar esse único cliente insatisfeito em um cliente satisfeito. Se o preço a pagar for algumas poucas centenas de dólares concedidos em forma de desconto ou de reembolso para evitar que alguém coloque um vídeo viral no YouTube, por exemplo, pense nisso como uma forma relativamente barata de seguro.

A solução de problemas em ação

Ao contemplar os desastres que podem cair sobre a sua empresa, é sempre educativo examinar como as outras empresas lidaram com a tempestade. Vamos dar uma olhada em três estudos de caso.

Resumo da proposta

Responda às reclamações. Trate cada reclamação como um aviso prévio de um ataque público e mais destrutivo contra a marca. Examine-a minuciosamente, pesquise sua fonte, compreenda-a! Analise a sua resposta de maneira tão cuidadosa quanto o faria com uma propaganda.

Antecipe a curiosidade do consumidor. Se a sua empresa está em apuros ou sendo alvo de comentários negativos, pense na hipótese de que consumidores curiosos podem tentar buscar mais informações. Em caso afirmativo, como, onde e quando eles encontrarão algo ainda pior? Quaisquer que sejam as más notícias, deixe-as à vista. Lembre-se: o prejuízo não vai ser tão grande se eles souberem da má notícia primeiro por você.

Atenda os curiosos. Quando a empresa está em xeque, partilhe toda e qualquer nova informação que possa ser relevante para as necessidades do consumidor. Faça o possível para oferecer conteúdo útil no seu site e para responder a qualquer dúvida por parte do consumidor.

Livre-se das buscas vazias. Certifique-se de que o mecanismo de busca do site da empresa não gera resultados em branco quando os consumidores digitam termos negativos. Uma empresa que nem mesmo possui um link para uma página de FAQ quando alguém faz uma busca por "reclamação" em seu site está se colocando em maus lençóis. Faça uma lista dos termos negativos que os consumidores possam buscar e publique as respostas no site.

Caso 1: Marca sob ataque

Em 2003, o Centre for Science and Environment (uma organização indiana semelhante ao Center for Science in the Public Interest, dos EUA) foi atrás da Coca-Cola quando relatou ter descoberto um alto nível de pesticida nos refrigerantes fabricados pela empresa. Quase que imediatamente depois que o CSE publicou notas para a imprensa detalhando as descobertas, as vendas dos produtos da Coca-Cola na Índia se reduziram em até 70%, e foram proibidos em gabinetes do governo, hospitais e escolas. Numa ação sem precedentes, os executivos da Coca-Cola se aliaram aos executivos da Pepsi (que também foram citados nas notas para a imprensa feitas pelo CSE) para deter a publicidade negativa. Adotaram uma postura de ataque, requisitando seus próprios estudos, os quais demonstraram que não havia resíduos de pesticidas em seus produtos, e depois elaboraram argumentos que pudessem ser utilizados sempre que alguém questionasse a qualidade de seus produtos.

Infelizmente para eles (mas é algo que pode servir de exemplo para você), a Coca-Cola subestimou a linguagem mais básica do relatório inicial. Então, em vez de tranquilizar os consumidores, toda aquela informação técnica com respostas excessivamente complicadas só serviu para confundir e criar mais suspeitas. Os políticos locais e as ONGs se aproveitaram disso, e os meios de comunicação logo foram inundados com afirmações de que os produtos da Coca-Cola eram "tóxicos". A Coca-Cola pode ter errado ao depender tanto da mídia local para lidar com o problema, porque, afinal, os ativistas estavam em vantagem em relação ao alcance que tinham na TV, no rádio e na mídia impressa locais. Em outras palavras, a Coca-Cola fracassou em sua tentativa de controlar a história, e até agora os efeitos desse ataque persistem no mercado indiano.

Então o que a Coca-Cola deveria ter feito? Desenvolver um site especificamente para servir de base de informações para os consumidores preocupados teria sido uma excelente maneira de começar. Aquele site deveria conter explicações detalhadas, mas fáceis de seguir, sobre os estudos da Coca-Cola que refutavam o que era dito antes, talvez com gráficos ou vídeos. O site deveria ser atualizado diariamente, se não várias vezes ao dia, e também deveria disponibilizar feeds de RSS para todo o conteúdo. Lembre-se: quando um site é informativo, tem credibilidade e é de fácil pesquisa, é quase certo que seu conteúdo irá se espalhar pelas mídias mais tradicionais.

Caso 2: Falha de privacidade

A America Online já estava familiarizada com fiascos de publicidade, mesmo antes de ouvir falar de Vincent Ferrari. Em algum momento entre março e maio de 2006, alguém na organização liberou um arquivo que continha os resultados de 650 mil buscas – muitas das quais eram constrangedoras ou desagradáveis – que tinham sido feitas por usuários da AOL. Embora as buscas fossem anônimas, poucos dias após a liberação do arquivo os blogueiros (com ajuda do *The New York Times*) conseguiram montar o quebra-cabeça das identidades de vários usuários e encaixá-las com os registros de três meses de todas as suas buscas. Assim que o alcance dessa quebra de privacidade ficou evidente, a AOL não deixou mais o arquivo disponível. Mas era tarde demais – milhares de pessoas já tinham tido acesso à informação. Os defensores da privacidade – isso sem falar nos usuários da AOL – ficaram revoltados.

Então, como a AOL lidou com esse problema? Não muito bem, algo que até mesmo a empresa admitiu mais tarde, em entrevistas aos veículos de comunicação. Ela reagiu empurrando um porta-voz sem nome até um pódio, onde este, sem aparentar estar aborrecido com toda a situação, oferecia uma desculpa sobre quanto a AOL "sentia muito" pelo ocorrido. E só. Claro, também se seguiram declarações sobre a possível demissão da pessoa responsável; no entanto, em grande parte, o público teve que tentar imaginar o que tinha acontecido. A AOL passou por um constrangimento ainda maior pouco tempo depois, com o incidente com Vincent Ferrari, que simplesmente reforçou a ideia de que a empresa colocava seus próprios interesses, e não os do consumidor, em primeiro lugar.

A América Online deveria ter admitido prontamente sua culpa e implementado uma nova e agressiva política sobre questões de privacidade. E, além disso, ela teria agido bem se tivesse oferecido algum tipo de compensação (mesmo que fosse só um ou dois meses de acesso livre) para os usuários cuja privacidade foi violada. E depois deveria ter anunciado – em seu site e nos blogs corporativos – as medidas que adotaria para se certificar de que situações como aquela não iriam mais acontecer.

Foi exatamente isso que outra empresa de internet fez ao enfrentar uma crise parecida. Em 2006, o site de relacionamento social Facebook provocou a revolta do público depois de anunciar um recurso, um "feed de notícias", que muitos de seus membros interpretavam como uma grande invasão de privacidade. Dezenas de milhares de usuários aderiram a um abaixo-assinado on-line chamado "Um dia sem Facebook", que dizia, entre outras coisas:

> Hoje em dia, é quase impossível guardar informações só para nós mesmos. No último ano, isso se tornou extremamente importante, já que fomos testemunhas de ações judiciais impetradas contra estudantes com base somente em fotos publicadas no Facebook, ouvimos falar de casos de perseguição, nos quais o Facebook foi acusado de ser a principal fonte de informação, e também que empregadores começaram a usar o Facebook para verificar informações sobre possíveis futuros funcionários.

Todo esse alvoroço resultou em milhares de histórias nos noticiários sobre o Facebook – a grande maioria negativa. Mas o fundador do Facebook, Mark Zuckerberg, soube lidar direitinho com a crise. Ele prestou bastante atenção aos comentários dos usuários e em dois dias publicou um pedido de desculpas bastante sincero, mostrando aos usuários do Facebook que tinha levado suas reclamações a sério e que estava fazendo as modificações solicitadas. Ele escreveu: "Realmente fizemos besteira... então estamos programando sem parar há dois dias para proporcionar a vocês melhor controle na privacidade. Essa nova página de privacidade irá permitir que vocês escolham que tipos de novidades aparecerão no seu Mini-Feed e no News Feeds de seus amigos, e também irá listar o tipo de atividade que o Facebook não irá permitir ser visível a outras pessoas. Se vocês tiverem mais comentários, por favor, enviem para nós." Quase que imediatamente, a maré da CGM se voltou a seu favor e as postagens raivosas foram substituídas por mensagens de gratidão.

Caso 3: Produto defeituoso

Em setembro de 2006, quando um notebook Lenovo explodiu no aeroporto internacional de Los Angeles, descobriu-se que certas baterias da Sony utilizadas em grandes marcas de notebook poderiam entrar em combustão durante o uso, o que deu origem a um dos maiores recalls de produto da história. Mas a Lenovo lidou com a situação desenvolvendo um site exclusivo que incluía uma seção de FAQ bem abrangente sobre o recall, além de um recurso de fácil utilização que permitia aos usuários preocupados determinarem rapidamente se as baterias de seus notebooks faziam parte do recall. Além disso, a Lenovo resolveu ser cautelosa e estendeu o recall às baterias nos computadores mais antigos, que poderiam ou não ter problemas. A empresa não fez nenhuma tentativa de minimizar a importância da situação ou abafá-la, e nem de colocar a culpa na Sony (embora esta tivesse fabricado as baterias); a Lenovo simplesmente engoliu o sapo, tomou as medidas necessárias e superou o problema de maneira rápida, eficaz e sem grandes danos à sua reputação.

Conclusão: É hora de liderar – sem desculpas

No fim das contas, a coisa mais importante para os administradores fazerem nesta era em que o consumidor detém o controle é simplesmente liderar. Mas, ao contrário do que muitos pensam, a liderança na era da CGM não requer necessariamente habilidades técnicas avançadas, vasta experiência com computadores ou uma compreensão especializada da web. Afinal, somos todos consumidores. Todos nós já ficamos com raiva de um funcionário do serviço de atendimento ao consumidor após um contato telefônico, ficamos meio irritados com um vendedor e talvez até já dissemos coisas feias on-line a respeito de uma empresa, coisas de que podemos nos arrepender. Todos sentimos e vivenciamos as mudanças da era digital, então é hora de usar nossos instintos e nossa iniciativa e pôr em ação o nosso discernimento.

Quando olho para trás, para as experiências que tive ao longo da minha carreira, a coisa de que mais tenho orgulho são os atos de liderança "fora dos planos" que arraigaram meu compromisso em aprender mais sobre a nova face do marketing. Por exemplo, em 1995, tendo acabado de sair da faculdade de administração, fiquei supreso com a falta de diálogo interno na Procter & Gamble sobre a web e decidi lançar um grupo de discussão por e-mail, que eu chamei de "Net-Net, The Net". Não ligava se os participantes trabalhavam nas áreas de marketing, pesquisa, TI, vendas ou se fossem até estagiários. Eu queria que o maior número possível de funcionários da Procter & Gamble partilhasse suas ideias, conversasse e se envolvesse com todos os aspectos da internet. Para mim, era óbvio que a Procter & Gamble é uma empresa que realiza coisas importantes assim que as informações corretas são divulgadas. Então o meu fórum de e-mails se tornou uma plataforma para fazer exatamente isso.

Para agir, não esperei por nenhuma pesquisa, por nenhuma carta branca ou um sinal verde. De certo modo, eu simplesmente tive a sorte de perceber uma necessidade existente e resolvê-la antes que outra pessoa o fizesse. Eu também não deixei que o pessoal "do contra" (toda organização tem várias pessoas assim) me atrapalhasse; eu estava agindo de acordo com minha intuição.

De maneira semelhante ao que está acontecendo no ambiente social de hoje em dia, pessoas curiosas e que pensavam de maneira parecida rapidamente se juntaram ao grupo, que atingira mais de 500 participantes quando saí da empresa. Eu sabia que tinha chegado a um nível considerável de poder e influência quando recebi um e-mail do diretor responsável pelas informações da Procter & Gamble, perguntando educadamente se ele e outros quatro gerentes poderiam se juntar à minha lista.

A questão é: as oportunidades existem e, como hoje em dia as linhas que delimitam quem manda são imprecisas, todos são capazes de usufruir dos benefícios de pequenos ou ousados atos de liderança. Portanto, quer você seja o presidente ou principal executivo de uma empresa, um gerente de marketing, um desenvolvedor de produto, um webdesigner ou um representante de call center, você pode – e deve – questionar se a sua organização está fazendo tudo o que pode para manter a credibilidade em todos os seus aspectos.

Aqui estão algumas questões específicas que qualquer pessoa, independentemente do cargo que ocupa ou da função que desempenha, pode abordar quando a credibilidade da empresa está ameaçada.

OUÇA SEMPRE. Por que não ouvimos com mais atenção o que dizem os consumidores? Munidos de grandes megafones, eles conversam o tempo todo ao nosso redor, mas a nossa abordagem atual é absorver apenas uma parte desse feedback. Como podemos ouvir de maneira mais sistemática, para economizar tempo, receber dicas preciosas, tomar melhores decisões de marketing e de produto e, o mais importante, compreender melhor como devemos nos comunicar da melhor maneira possível?

DEIXE A MÍDIA PAGA E OPTE PELA MÍDIA DO CONSUMIDOR! Por que todo o nosso planejamento de mídia se concentra em mídia paga? Se a propaganda boca a boca é a peça-chave do reconhecimento, por que não estamos cultivando grandes experiências junto aos consumidores, que irão gerar uma mídia mais persuasiva, de maior credibilidade? Podemos fazer isso por meio de um serviço de atendimento melhor, uma experiência de alta qualidade no site e outras modalidades de marketing de relacionamento – e *também* economizar dinheiro ao longo do processo.

REPENSE O DEPARTAMENTO DE ATENDIMENTO AO CONSUMIDOR. Por que não investimos mais no departamento de atendimento ao consumidor, já que ele é o novo epicentro do marketing de relacionamentos? Existem muitos indícios de que, fora da empresa, os consumidores que desejam falar bem ou mal contam suas experiências a muitos outros. Vamos, portanto, investir nesse relacionamento.

RECOMENDE A CRIAÇÃO DE UM NOVO CARGO: GERENTE DE MÍDIA GERADA PELO CONSUMIDOR. É hora de agir de verdade no campo da mídia gerada pelo consumidor. Precisamos de gerentes experientes, dedicados, que saibam ouvir o que dizem os consumidores, que saibam como envolvê-los no negócio. A Toyota, considerada pela revista *Advertising Age* a Empresa do Ano em 2006, tem um profissional que lidera um departamento dedicado exclusivamente à mídia gerada pelo consumidor. O que podemos fazer na mesma linha?

CUMPRA O QUE PROMETE. Nunca chegaremos a lugar algum nesse mundo imprevisível da CGM se não tivermos experiência prática. Dessa maneira, todo o panorama nos parecerá menos estranho, mais intuitivo. É possível montar um blog interno, ou talvez um wiki, para que possamos agir exatamente de acordo com o que afirmamos nessa mídia específica?

DÊ MAIS PODER AOS MAIS JOVENS. Vocês já perceberam como os funcionários mais jovens – em especial os estagiários – estão naturalmente em contato com as novas formas de opinar e se expressar? Por que não criar um subcomitê especial do qual eles possam participar dando ideias estratégicas sobre como estar sempre à frente? Sem dúvida eles podem nos ensinar novos truques, e nós iremos possibilitar que eles continuem motivados e animados enquanto trabalham.

ACABE COM MARCADORES DE TEMPO E DÊ INÍCIO AO DIÁLOGO! As conversas são fluidas e fornecem contexto e significado mais profundos do que os marcadores de tempo, utilizados para mensurar o tempo gasto em determinada atividade. Quando os mecanismos de mensuração da mídia se baseiam cada vez mais em ferramentas de propaganda on-line, o diálogo passa a ter importância. O grupo de discussão de que tiramos nossas informações raramente é fechado. Vamos repensar a maneira por meio da qual fazemos pesquisa e nos concentrar mais em conversas em tempo real, utilizando-as como nossos novos critérios de avaliação da credibilidade.

PENSE PARA ALÉM DA FIDELIDADE. Nesta era de CGM, a fidelidade do consumidor simplesmente não basta. Precisamos prestar mais atenção para saber se essa fidelidade se traduz em defesa da marca. Devemos julgar nosso sucesso com base naquilo que os consumidores contam para os outros on-line. E, enquanto isso, precisamos monitorar cuidadosamente para saber se há um resíduo dos sentimentos dos consumidores nos resultados de busca.

LEMBRE-SE: A CREDIBILIDADE TEM IMPORTÂNCIA. Nossa credibilidade corporativa é frágil nesta era de mídia gerada pelo consumidor. Devemos repensar a maneira como a construímos, protegemos e incentivamos. Numa época ditada pela transparência, não podemos enganar ninguém. Somos nós que estamos sendo "monitorados pelo controle de qualidade".

Boa sorte!

Conclusão

Meu pai faleceu em novembro de 2007, logo depois que enviei meu manuscrito final de *O cliente é quem manda*. É difícil e doloroso aceitar o fato de que ele não presenciará o lançamento deste livro e do debate que eu espero que a obra vá suscitar. Afinal de contas, foi meu pai que deu o empurrão inicial neste projeto.

Meu pai era um exímio executivo da área de publicidade, e o meu fascínio pelas áreas de marketing e publicidade sem dúvida vem das minhas muitas visitas, ainda criança, ao escritório em que ele trabalhava, em Hollywood, numa empresa chamada Eisamann, Johns, and Laws. E, de fato, eu cresci em meio a jingles e storyboards; eu gostava particularmente de assistir às filmagens não utilizadas dos comerciais que ele trazia para casa, e adorava fazer uma visita ocasional ao estúdio onde estavam gravando um comercial da Chevrolet.

Meu pai era um ótimo ouvinte e tinha um talento incrível para cultivar relacionamentos, e sua "marca" pessoal era algo infinitamente acessível – e sempre confiável. As pessoas que fizeram discurso em seu funeral, do qual participaram amigos dos quatro cantos do mundo, enfatizaram os seus dons. Ele não era perfeito, mas era uma pessoa autêntica, genuína, de confiança; na verdade, ele encarnava todos os "Seis Fatores Determinantes da Credibilidade" que descrevo neste livro, e devo muito a ele por ter guiado a minha carreira na direção do marketing e da publicidade.

Quando trabalhei para a Procter & Gamble, desempenhando um papel fundamental ao estabelecer os padrões da indústria em relação à propaganda on-line, fui buscar conselhos com meu pai, que conseguiu contrabalançar o meu exagero típico dos jovens com a sua fé em verdades inabaláveis característica dos mais velhos. E quando saí da Procter & Gamble e passei para o "lado do consumidor", em um dos primeiros experimentos com mídia gerada pelo consumidor, o PlanetFeedback, ele me ajudou a fazer a ligação essencial entre a opinião do consumidor e as necessidades do mercado.

Claro que seus ensinamentos sempre tinham implicações maiores. Ele me lembrava de que a atenção e o envolvimento não são simplesmente um bem escasso no mundo da propaganda, mas algo que devemos tentar conquistar a cada empreitada – e sempre com credibilidade.

Nas semanas que antecederam sua morte, passávamos horas conversando sobre a dinâmica e o nível de precisão de *Mad Men*, a série de TV que documenta as vidas bastante complexas dos executivos de publicidade da Madison Avenue, no começo da década de 1960. A firma retratada na série é baseada livremente na BBDO, a mesma em que meu pai iniciou sua própria carreira como publicitário. Em determinado momento, eu até mesmo coloquei trechos de seus comentários no YouTube.

Mas vou parar antes de romantizar em excesso aquilo que se costuma chamar de Era de Ouro da Propaganda. Essa área, na época, estava longe de ser perfeita, e muitas vezes lhe faltava credibilidade. (Afinal de contas, onde está a credibilidade em sugerir que fumar torna as pessoas mais glamourosas ou mais sensuais?) Ao mesmo tempo, contudo, muitos dos limites que cercavam a propaganda eram mais claros, menos ambíguos. Se o publicitário ficasse numa zona indefinida, o consumidor, em geral, percebia. O merchandising de produtos em filmes, por exemplo, era bem mais óbvio – muitas vezes, era tão óbvio e transparente que chegava às raias do absurdo –, e diversos outros truques que os profissionais de marketing e os publicitários usam hoje em dia simplesmente não existiam naquela época.

Atualmente, as coisas são bem mais nebulosas. Existem anúncios em tudo quanto é lugar, e, com a atenção limitada por parte do consumidor, os profissionais de marketing e os publicitários se encontram numa posição em que tentam todos os canais possíveis para capturar o "envolvimento" dos consumidores – até mesmo nas pequenas telas dos telefones celulares. Admiramos as maravilhas tecnológicas de anúncios com alvo específico, como os anúncios *click-through*, que têm como alvo o consumidor certo, com o anúncio certo, na hora certa.

Ao contrário do kit de ferramentas publicitárias básicas do meu pai – TV, imprensa e rádio –, hoje em dia existem opções ilimitadas para transmitir nossa mensagem. E temos acesso ao consumidor – nos níveis mais íntimos, às vezes à beira da intrusão – de maneiras que meu pai sequer conseguiria imaginar.

Mas isso não torna necessariamente mais fácil a tarefa de gerenciar marcas. Na verdade, todos nós – profissionais de marketing, publicitários, administradores, até o executivo mais importante – precisamos pensar ainda mais e trabalhar de maneira mais inteligente para descobrir como devemos falar e interagir com a nova plateia de consumidores, que dispõe de maior poder de escolha, maior controle, maior influência e maior conhecimento daquilo que está acontecendo com a marca, em todos os âmbitos.

E podem acreditar: até mesmo nos meses depois de ter terminado este livro, o mundo da propaganda e da mídia gerada pelo consumidor já chegou a novos obstáculos, apresentou novos desafios e alcançou diferentes níveis de complexidade, à medida que os consumidores fazem perguntas cada vez mais difíceis sobre tudo, desde a credibilidade de afirmações "ecológicas" até o lado mais feio da quebra de privacidade em sites de rede social como o Facebook.

Portanto, devemos navegar neste admirável mundo novo com nossa bússola de credibilidade, tendo em mente o tempo todo as coisas que meu pai vivenciou, personificou e enfatizou repetidas vezes, durante toda a sua carreira e sua vida.

Pete Blackshaw
30 de janeiro de 2008

Notas

1. Nitasha Tiku, "When Scandal Knocks", *Inc.*, agosto de 2007.
2. Tim Cass, "Not All Fun and Games", *BusinessWeek*, 9 de julho de 2007.
3. Mathew Creamer, "At Last, the Reviews Are In: Wal-Mart Wakes Up to the Power of the People", *Advertising Age*, 23 de julho de 2007.
4. Maha Atal e Conrad Wilson, "Feeling Trashed on the Web? Here's How to Avoid Having Your Brand Message Hijacked", *BusinessWeek*, setembro de 2007.
5. http://consumerist.com/consumer/customer-service/man-gets-280-back-from-bank-of-america-after-writing-ceo-253623.php.
6. http://consumerist.com/consumer/starbucks/epic-battle-for-raspberry-syrup-ends-with-starbucks-apology-and-gift-card-269019.php.
7. Bill Breen, "Who Do You Love", *Fast Company*, maio de 2007.
8. William C. Taylor, "Your Call Should Be Important to Us, but It's Not", *New York Times*, 26 de fevereiro de 2006.

Agradecimentos

São muitas as pessoas que me deram assistência ou que serviram de inspiração para este projeto. Em primeiro lugar, minha esposa, Erika Brown, que me apoiou e me incentivou muitíssimo, de diversas maneiras. Sem dúvida, eu seria negligente se não lhe desse crédito pela ideia original por trás do site PlanetFeedback.com, depois que tivemos uma experiência horrível com uma companhia aérea. Ela também é a mãe dos meus três lindos filhos, Liam, Leila e Sophia, que são fonte de alegria constante e minha inspiração diária.

Os meus parceiros na Lark Productions, Lisa DiMona e Robin Dellabough, trabalharam comigo neste projeto, sempre pacientes e atenciosos, desde sua criação, e são pessoas absolutamente incríveis. Também sou muito grato a Talia Krohn e Roger Scholl, do Doubleday Publishing Group, por seu entusiasmo e por terem me ajudado a dar forma ao tema principal deste livro e também a dar a ele uma direção. Também agradeço às outras pessoas da equipe da Doubleday: Rachel Lapal, Meredith McGinnis, Nicole Dewey e Rebecca Gardner.

James Heskett, da Harvard Business School, a quem também dedico este livro, inspirou muito do raciocínio por trás desta obra. Foi o seu curso de administração na Harvard Business School que desencadeou minha obsessão com a relação existente entre o serviço e o lucro, entre escutar o que o consumidor tem a dizer e a fidelidade do consumidor. Além disso, sempre serei grato a ele por participar do conselho de diretores do PlanetFeedback e do Intelliseek, e por estar disponível para dar seus conselhos, sempre confiáveis, principalmente nas épocas mais difíceis.

Seth Godin, sempre uma fonte de inspiração, merece levar o crédito pelo título do livro, e eu seria negligente se também não lhe agradecesse por ter me dado grande apoio junto à comunidade de empreendedores quando abri minha primeira empresa depois que saí da Procter & Gamble. Greg Brummer ofereceu ajuda inestimável com estudos de caso, entrevistas com consumidores, pesquisas e seu conhecimento sobre o consumidor em todos os aspectos, e muito mais. Sou extremamente grato a Karen Watts por fazer com que este projeto finalmente começasse a sair do papel.

David Dintenfass, amigo e diretor de marketing da Procter & Gamble, foi persistente ao me incentivar a dar continuidade a este projeto, principalmente me ajudando a pensar na estrutura dos "Seis Fatores Determinantes da Credibilidade". Outras fontes especiais de inspiração são Max Kalehoff e Sue MacDonald, Kelly Mooney, Ted McConnell, Greg Icenhower, Len Ellis, Jay Gooch, Raymond Buse, Laurent Flores, Chris Lansing, Doyle Estevick, Mark Marsan, Dave Evans, Tom Watson, Jeffrey Rayport, Tim Heath, Jon Sviokla, Jan Marie Zwiren e meu irmão, John Blackshaw. Denis Beausejour, amigo, mentor e ex-vice-presidente global de propaganda da Procter & Gamble, merece ser citado por sempre me fazer lembrar que, no fim das contas, absolutamente tudo tem a ver com o consumidor – sempre! O mesmo agradecimento vai para Robert Wehling, John Pepper, Vivienne Bechtold, Ted Woehrle e Charlotte Otto. Os ex-diretores da Grey Interactive, Norm Lehoullier e Orin Wechsberg, me orientaram e ofereceram conselhos nos quais pude confiar.

Beth Thomas-Kim, diretora global de atendimento ao consumidor da Nestlé e presidente da Society of Consumer Affairs Professionals, deu contribuições e críticas de grande valor, e também foi fonte de grande motivação, assim como Tom Asher, chefe do departamento de defesa do consumidor da Levi's. Bruce Ertmann, diretor de mídia gerada pelo consumidor, foi uma imensa fonte de inspiração e ajuda, principalmente com os "temas defensivos de branding". Fred Siff, da Universidade de Cincinnati, foi um dos meus primeiros clientes, e seu trabalho revolucionário com novas tecnologias continua a me surpreender. Scott Wilder, da Intuit, me fez ter uma perspectiva totalmente nova sobre o poder das comunidades on-line.

No meu verdadeiro trabalho, entro em contato com pontos de vista de imenso valor de colegas atuais e passados: Mike Nazzaro, Jay Stockwell, Betsy Cohen, Becky Hudepohl, Brian Schlessinger, Dan Mechem, Bill Stephenson, Jay Rampuria, Karen Watson, Doug Widmann, Andrew Ferrigno, Jim Savage, Jonathan Carson, Jerry Needel, Kate Niederhorffer, Amy Hatton, Alison Kalis, Lydia Worthington, Jenifer Putalavage, Charlie Buchwalter, Ori Levy e Manish Bhatia. Foram Mahendra Vora, Sundar Kadayam, Karthik Iyer, Chris Connaughton, Jonathan Schlerer, Matt Hurst, Mark Reed e Natalie Glance que me apresentaram (e fizeram com que eu me curvasse) ao poder e à força da análise avançada de texto e da análise não estruturada de dados. Oliver Fisher, Mike Kunz, Jon Mamela e Louis Goldner fizeram parte do grupo "alfa" que explorou o poder que têm as reclamações. E os estagiários Chandler Koglmeier e Chris McConnell me levaram a um nível totalmente novo de entendimento das mídias sociais.

Entre as pessoas importantes que me apoiaram e investiram em mim, hoje e anteriormente, estão Jack e Peg Wyant, Bill Hildebolt, Itzhak Fisher, Rick Kieser, John Gardner, Nick Nicholas, Fred Wilson, Jerry Colonna, Rick Lerner e Ted Dintersmith.

Várias pessoas me incentivaram a testar os temas e as hipóteses que elaborei. Entre elas estão Rebecca Lieb e Erin Brenner, meus editores na ClickZ, Susan Bratton e Drew Ianni, respectivamente a anterior e o atual diretor da Ad Tech, e Jack Neff, da *Advertising Age*, que sempre foi uma ótima fonte de feedback e um excelente crítico. E, claro, eu estaria em falta se não mencionasse meus atuais e ex-colegas, além dos antigos e atuais membros da diretoria da Word-of-Mouth Marketing Association, que agem exatamente de acordo com o que pregam em relação a vários dos assuntos abordados neste livro: Jim Nail, Ed Keller, Paul Rand, Dave Balter, Rick Murray, Jackie Huba, John Bell, Sam Decker, Leslie Ford, Idil Cakim, Jamie Tedford, Peter Waldheim, Gary Spangler, Andy Sernovitz, Laura Schuler e Julie Wittes Schlack.

Também preciso agradecer ao senador estadual Art Torres, defensor incansável da comunidade hispânica e de imigrantes da Califórnia, que representou um dos grupos mais diversificados dos Estados Unidos – de Chinatown à zona leste de Los Angeles –, por me ensinar a prestar atenção a sinais menos óbvios (e de grande importância) do mercado. Ele também me ajudou a testar novos modelos de feedback no poder legislativo da Califórnia.

Também não posso me esquecer dos meus pais: minha mãe, Jay Blackshaw, por sempre me fazer dar importância aos valores centrados no consumidor; e meu pai, Bill Blackshaw, depois de longos e bem vividos 83 anos, por me apoiar tanto e por incentivar em mim um profundo apreço por tudo o que existe de bom na área da propaganda.

E o agradecimento mais importante vai para todos os consumidores on-line, desde o PlanetFeedback.com até o YouTube.com, passando pelo Facebook, e para todos os milhões de blogueiros pelo mundo afora. Sim, pode soar piegas, mas a verdade é que vocês são minha fonte diária de inspiração.

CONHEÇA OUTROS TÍTULOS DA EDITORA SEXTANTE

COMO LIDAR COM CLIENTES DIFÍCEIS

Dave Anderson

Todo mundo que trabalha em atendimento e vendas sabe quanto um cliente difícil, desagradável ou arrogante pode minar nosso moral e até mesmo acabar com o dia.

Cansado de temer esses clientes e de perder as vendas que poderia fazer a eles, Dave Anderson desenvolveu uma série de técnicas para aumentar sua autoconfiança e seu poder de persuasão ao lidar com aquelas pessoas que parecem um caso perdido.

Esse livro vai lhe mostrar as 10 verdades essenciais sobre os clientes difíceis e como entender a mente deles. Assim, você aprenderá a se comportar de maneira profissional e a se diferenciar da concorrência para vender com mais facilidade em qualquer situação.

ABRACE SEUS CLIENTES

Jack Mitchell

Uma vez cliente, sempre amigo. Este é o princípio básico da teoria do abraço de Jack Mitchell, um dos proprietários do grupo Mitchells/Richards, duas das mais bem-sucedidas e elegantes lojas de roupas dos Estados Unidos.

Empresário de sucesso, Mitchell consegue unir o estilo altamente pessoal do tempo em que a empresa era uma alfaiataria com as mais avançadas técnicas de gerenciamento, o que permite que sua equipe conheça a fundo cada um dos seus 115 mil clientes.

Nesse livro, ele mostra as vantagens de liderar uma empresa centrada nos clientes e como desenvolver a cultura do abraço, fazendo com que todos, do mensageiro ao presidente, se dediquem e se envolvam diretamente com eles.

Informações sobre os próximos lançamentos

Para receber informações sobre os lançamentos da EDITORA SEXTANTE, basta cadastrar-se diretamente no site www.sextante.com.br

Para saber mais sobre nossos títulos e autores, e enviar seus comentários sobre este livro, visite o nosso site www.sextante.com.br ou mande um e-mail para atendimento@esextante.com.br

EDITORA SEXTANTE
Rua Voluntários da Pátria, 45 / 1.404 – Botafogo
Rio de Janeiro – RJ – 22270-000 – Brasil
Telefone: (21) 2538-4100 – Fax: (21) 2286-9244
E-mail: atendimento@esextante.com.br